# C. C. Nieto-Quintela

# **Relatos breves**

Titulo: Relatos breves

La venganza del muerto
Seis puntos de vista
Trágico desenlace
Lo que es importante
      En un hospital
      En el tráfico
      En un pueblo pequeño
      En una fiesta
      En una circunstancia incómoda
      En una degustación de licor
      En un paseo en bicicleta
      En una relación amorosa
El Tesoro




ISBN:




Versión en Ingles

Titulo: Short Stories

# CONTENIDO

# La venganza del muerto

## La venganza del muerto

Ya estaba terminando de preparar el almuerzo cuando sintió que abrían la puerta de entrada y dio por hecho que Roger había llegado, efectivamente su marido se acercó por detrás silenciosamente y la besó en el cuello.

Margaret casi sin volverse dijo sonriente: ¿Ya llegaste? ¿Cómo te ha ido?

Bien, dijo Roger, ya he pagado el saldo que le debíamos al señor Edgar y va a cancelar la hipoteca sobre nuestra casa.

¡Que bien! Ahora que las cosas no están tan bien es bueno saber que tenemos un sitio donde estar y aquí nos las iremos arreglando.

Si, dijo Roger, pero nos hemos gastado lo que me habían pagado de mi retiro.

No importa, contestó Margaret, si no lo hubiéramos pagado nos lo iríamos gastando, no podríamos cancelar la hipoteca y la casa nunca sería nuestra.

Supongo que tienes razón. Mira, aquí está el recibo, dijo Roger dejando el recibo sobre la mesa, hay que guardarlo bien, aunque el señor Edgar es muy formal y dijo que ya iba a cancelar la hipoteca.

¡OH si! Acuérdate como nos ayudó cuando lo de mi enfermedad, es una buena persona, dijo Margaret.

*　*　*

Hugo Hardwich, llegó a la casa de Edgar Ullman, un anciano prestamista muy popular en todo aquel barrio de clase media baja, porque les ayudaba a solucionar sus problemas económicos, y aunque por supuesto, no le regalaba nada a nadie era razonablemente elástico cuando veía que alguien se retrasaba debido a alguna circunstancia inevitable. No se podría decir que era apreciado, porque la gente no suele apreciar a sus acreedores, pero estaba bien considerado y en la calle todo el mundo lo saludaba con respeto.

Abrió la puerta la señora que a diario le hacía la limpieza y la comida al señor Ullman, Hugo preguntó por él y ella le invitó a pasar al tiempo que dijo: Señor Ullman, aquí está el señor Hardwich, yo ya me voy, hasta mañana.

Edgar apareció en el pasillo mientras la asistenta salía y cerraba la puerta.

Pase Hugo, dijo Edgar, y ambos pasaron a un pequeño despacho en el que Edgar tenía su escritorio donde llevaba el control de sus préstamos.

¿Por qué quiere vender su negocio? Preguntó Hugo.

Estoy muy enfermo, dijo Edgar, según el médico estoy ya viviendo de prestado.

En su interior Hugo pensó en lo cómico que resultaba que un prestamista estuviera viviendo de prestado, pero se limitó a asentir como entendiendo la razón del anciano. Y ¿A cuanto aspira? Preguntó.

No nada, solo el dinero que está en la calle. ¿Cuanto será eso? Insistió Hugo.

Sesenta mil dólares para redondear a su favor.

No se si puedo disponer ahora de tanto.

Entonces no hay negocio, dijo Edgar, yo tengo a quien vendérselo.

No, espere, yo puedo conseguir lo que me falta si me puede esperar tres días.

Está bien, le espero, voy a prepararle la situación de cada préstamo.

Gracias dijo Hugo, el próximo viernes  estaré aquí con el dinero.

Bueno, si no lo tiene el viernes ya no habrá negocio.

No se preocupe, estaré.

Tras salir de casa de Edgar, Hugo iba pensando que lo importante de ese negocio no era la cantidad que tenía que pagar que estaba bien respaldada, sino la oportunidad de sustituir a Edgar y quedarse con su cartera de clientes.

Efectivamente tres días después Hugo adquirió la cartera de clientes de Edgar Ullman y este le informó por escrito de la situación de cada préstamo, de los cuales había dos cuyo pago acababa de recibir y cuyas hipotecas debían ser canceladas de inmediato. Uno de estos era el de Roger.

*  *  *

No había pasado una semana, cuando en la calle se comentaba el deceso de Edgar Ullman, todos hablaban bien de él aunque a su sepelio fueron muy pocos los que asistieron.

Roger comentó con Margaret, ¡Pobre señor Ullman!

Ya estaba muy mayor, contestó Margaret, ¿Cuántos años tendría?

Cualquiera sabe, yo creo que lo recuerdo desde siempre. Por cierto, ¿Guardaste el recibo del pago que le hicimos?

Margaret se quedó mirando al frente como tratando de recordar. En este momento no recuerdo. ¿No lo guardaste tu?

Roger un poco exasperado. Te lo dejé sobre la mesa de la cocina y te dije que lo guardaras.

Bien, dijo Margaret, lo habré guardado pero ahora no recuerdo donde. ¿No te dijo que ya cancelaba la hipoteca?

Si, pero hay que tener el recibo por cualquier cosa.

Si, no te preocupes, por ahí andará.

Bueno, espero que si.

Aunque ninguno dijo mas nada, en su mente quedó girando una nube negra. Cuando Roger salió de casa, Margaret buscó el recibo pero no fue capaz de encontrarlo y se quedó aun más preocupada. ¿Dónde estaría?

* * *

Hugo Hardwich continuó con el negocio del señor Ullman pero empezó a confrontar cierta falta de liquidez debido al préstamo que a su vez había tenido que contraer para comprar la cartera del señor Ullman y a retrasos de algunos de los clientes.

Tenía que cancelar las dos hipotecas que le dijera Ullman, una de ellas era una pequeña cantidad, pero la otra, la de Roger y Elizabeth era más importante, separó esta y canceló la otra. No quería hacer algo indebido, pero necesitaba efectivo... esperaría un poco para ver como iba todo.

Había pasado ya un mes desde la muerte de Ullman y Hugo se presentó en casa de Roger para recordarles el pago de la hipoteca.

Como, dijo Roger, nosotros ya le hemos pagado la totalidad al señor Ullman, nosotros no debemos nada.

Está bien no se preocupen, dijo Hugo, el señor Ullman me dejó todo un poco desordenado, yo verificaré, de todas formas usted tendrá el recibo del pago ¿No es así?

Por supuesto dijo Roger mientras se le ponía un nudo en la garganta.

No tienen de que preocuparse, tráigame el recibo cuando pueda y cerraré el asunto.

Así lo haré.

Hugo se despidió y se fue.

Roger miró a Margaret con ansiedad. Hay que buscar ese recibo aunque haya que poner la casa patas arriba.

Si dijo ella angustiada.

El resto de ese día lo pasaron buscando cada rincón de la casa pero el recibo no apareció. Margaret trataba de recordar pero nada venía a su mente.

Pasaron algunos días de verdadera desesperación sin que ninguno de los dos tuviera la menor idea de que podría haber pasado con el recibo, trataron de recordar quienes habían estado en casa ese día pero nada.

Unos días mas tarde recibieron una carta apremiante de Hugo Hardwich diciendo que si no presentaban el recibo del pago que decían haber hecho ni continuaban pagando la hipoteca tendría que proceder a ejecutarla.

Roger sintió un sudor frío recorriéndole el cuerpo, no sabía que hacer.

Por su parte Hugo le anunció a su acreedor que tenía pendiente una ejecución y que pronto le pagaría.

Y así fue, un par de semanas después Hugo se presentó con una orden judicial y la policía para desalojarlos de la casa.

Roger insistió en que ya había pagado la deuda pero de nada le valió, comenzó a exaltarse desesperado cuando sintió un profundo dolor en el pecho, dirigió una penetrante mirada a Hugo y se desplomó sin vida.

Hugo se quedó aterrado, no había esperado este desenlace y se fue dejando que las autoridades terminaran la evicción.

* * *

Para aquellos que creyeron a Roger y Margaret, la culpa se la llevó el viejo Edgar

Ullman por no haber informado al señor Hardwich del pago, otros no creyeron que se hubiera efectuado el pago, después del entierro de Roger, Margaret se fue a vivir a otra ciudad con una hija y tal vez por la culpa y la depresión apenas duró dos meses mas. En la calle el asunto pronto quedó en el olvido.

El negocio de Hugo Hardwich estaba floreciente. Él también había borrado de su mente lo sucedido a pesar de la profunda impresión que le había causado, seguía viendo la penetrante y acusadora mirada que le dirigió Roger mientras se desplomaba muerto en el suelo y como siempre que le ocurría sacudía la cabeza tratando de alejar ese mal recuerdo.

Una noche, casi un año después de los sucesos comentados Hugo se despertó en medio de la noche bañado en sudor frío tras una especie de pesadilla tan vivida que le pareció absolutamente real.

Como en un sueño se le apareció Roger, aquella persona que había ejecutado consciente de que estaba cometiendo una injusticia, estaba exactamente igual que cuando lo vio por ultima vez y se desplomó muerto ante él, en tono acusador e implacable le habló en estos términos: *"Tu arruinaste y tomaste mi vida sabiendo que lo que hacías era injusto, ahora llegó tu momento de pasar por lo mismo y después aquí pagarás lo que aún no hayas pagado"* Roger le miró con lástima, se borró la visión y despertó.

Hugo se sintió verdaderamente aterrorizado, se levantó mirando con recelo cada sombra que le rodeaba, encendió todas las luces y se preparó un poco de te.

Ya en la mañana un poco más calmado trató de persuadirse de que todo había sido solo un sueño y que no había de que preocuparse, pero no volvió a sentirse completamente tranquilo, la imagen de Roger mirándole fijamente cuando se estaba cayendo muerto aparecía en su mente a cada momento.

* * *

Pasaron sin embargo tres meses mas durante los cuales no pasó nada anormal, el negocio de Hugo seguía viento en popa, así que poco a poco fue quitándole importancia a esa imagen que de tanto perseguirle en su mente se había hecho familiar.

Ese día tenía una fiesta importante para él. El caso es que hacía un par de meses había conocido incidentalmente a una mujer muy hermosa y elegante que le dio la impresión de que también se sentía atraída por él. Hugo nunca se había dejado sugestionar ni influir por el sexo, hasta el momento los negocios habían sido su mayor interés, así que cuando constató que estaba casada con un hombre millonario de edad avanzada, al interés que la mujer despertara en él se unió el del dinero, resulta que Olga era una rica heredera y posiblemente pronto.

El flirt con un hombre de buen aspecto y de treinta y tantos años más joven que su esposo, pronto pareció convertirse en una gran pasión para ella y en una gran expectativa para él y aunque hacían lo posible por ser discretos su affaire se comentaba ya entre sus amistades, especialmente entre las de ella.

Dos días antes, ella lo había invitado a una fiesta que se celebraría hoy en su casa, en principio a Hugo no le había  parecido prudente pero ella insistió, le dijo que asistirían más de cien personas y que deseaba presentarle a su esposo para que hablaran de negocios.

Me conocerá mucha gente, objetó él.

Y ¿Cuál es el problema? Trata de estar en casa a las nueve, yo trataré de estar cerca de la puerta esperándote.

Está bien, dijo él, estaré.

* * *

A las ocho y cuarenta minutos Hugo se dirigía a la salida de su casa convenientemente vestido para la fiesta. Cuando estaba llegando a la puerta, esta desapareció de su vista para ser sustituida por la imagen de Roger Spencer, su visitante del mas allá, pero no aquel Roger que le miraba fijamente mientras se desplomaba, ahora estaba de pie mirándole compasivamente mientras que Hugo sintió claramente en su mente, estas palabras con el timbre de voz que Roger tenía: "¡Tu día ya está cerca!

Hugo se quedó petrificado por un momento, pero ya habituado a las continuas apariciones de Roger reaccionó, sacudió la cabeza como para alejar un mal pensamiento y salió. En aquella pequeña ciudad nada estaba demasiado lejos, así que llegó todavía un par de minutos antes de la hora. Ya conocía la casa por afuera, una enorme mansión con una cerca bastante alejada de la casa.

Hugo se imaginó a Olga ya viuda y se dijo, esta casa la venderemos e iremos a vivir a otro sitio menos ostentoso.

La puerta estaba abierta y una persona del servicio de la casa estaba afuera presenciando la llegada de los invitados. En el trayecto hasta la puerta saludó a dos parejas conocidas que también estaban llegando, de reojo pudo ver que la mujer de una de ellas le miraba y comentaba algo con su acompañante posiblemente refiriéndose a él, pero no le dio la menor importancia.

Cuando llegó a la entrada vio a Olga a un lado y se dirigió hacia ella saludándola con la cortesía del caso.

Siéntete como en casa, le dijo Olga, luego te presentaré a Albert, ahora tengo que atender a los invitados.

La velada transcurrió bien, el clamor de tanta gente mas el sonido de la música producía un ambiente muy animado, en medio de la fiesta se le acercó Olga haciéndole una mueca de complicidad y excusándose: Perdona, tengo que estar pendiente de los invitados.

Pero te olvidaste un poco de este invitado, le dijo Hugo, No te preocupes, ya son casi las doce, me voy a ir yendo y nos vemos mañana. No, no te vayas le susurró Olga, quiero presentarte a Albert; ya vengo, dijo alejándose de él con una sonrisa.

Habían pasado casi veinte minutos cuando regresó Olga. Albert te espera en la biblioteca, ya voy yo también para allí.

¿Dónde está? Preguntó Hugo.

Aquella puerta doble, le dijo señalándola y alejándose de él.

Hugo se dirigió lentamente a la biblioteca llevando la copa de champán que tenía en a mano, al llegar allí abrió la puerta, entró y la volvió a cerrar pero no vio a nadie, posiblemente el tal Albert habría salido un momento.

La biblioteca era un salón de gran tamaño, rodeado de libros por todas las paredes a excepción de dos espacios entre las estanterías ocupados por sendos retratos al óleo del dueño de la casa y de Olga y una vitrina a cada lado de la puerta con una colección de antiguas armas blancas de diversas procedencias. Hacia un lado había un juego de sillones con mesitas intercaladas entre ellos y un carrito bar con bebidas, hielo y cristalería, mas cerca de la puerta donde aun estaba él había un escritorio para escribir o leer porque al lado de la mesa había un atril con un libro abierto sobre él.

Sintió curiosidad y se acercó para ver de que libro se trataba, sostuvo con su mano derecha la página en la que estaba abierto y volteó las páginas para ver al principio el nombre de la obra, era un antiguo libro de algo más de un siglo con los diálogos de Platón que volvió a dejar en la página en la que estaba.

Siguió mirando alrededor esperando a Olga y al ir aproximándose al juego de sillones pudo ver de reojo a alguien sentado en uno de ellos que desde la puerta solo veía por detrás. Se fue aproximando al sillón pero por la inmóvillidad del hombre pensó que estaba dormido, de todas formas se acercó para saludar y conocer la persona que supuso era Albert, pero al tener una perspectiva del sillón casi de frente Hugo no pudo evitar lanzar un grito, aquel hombre que parecía ser el del retrato que había en la pared tenía un puñal clavado en el pecho, un hilo de sangre aun fresca se había deslizado por la camisa hasta manchar los pantalones, el asiento del sillón y la alfombra.

Por un momento Hugo se sintió desorientado, miró la copa que tenía en la mano sin saber que hacer con ella, la dejó en una de las mesitas y pensó rápidamente en si podía ayudar, acercó sus dedos al cuello del hombre pero vio que estaba muerto, no había nada que hacer, lo mejor era irse de allí, recogió la copa y se dirigió hacia la mesa de escritorio, derramando parte del champán por el camino, al llegar iba a echar la copa en una papelera que había bajo el escritorio pero nuevamente lo pensó mejor y prefirió no dejarla allí, miró hacia el sillón donde estaba el muerto pero desde los alrededores de la puerta el sillón estaba de espaldas y no se distinguía nada.

Abrió la puerta tratando de ser lo mas natural posible, salio y se encontró con dos grupos de personas que charlaban animadamente, en uno de los grupos estaba una de las parejas que saludara a su llegada quienes al verle salir le llamaron.

Hugo los saludó con una sonrisa nerviosa y siguió su camino hacia la puerta, dejó la copa en el primer mueble que tuvo al paso y salió de la casa, vio su auto pero estaba bloqueado por otro. Sintió un sudor helado recorrerle todo el cuerpo, se introdujo en el auto aterrado sin saber que hacer, ir a pedir que le desbloquearan el auto sería demasiado notorio.

Afortunadamente, no todo tenía que salir mal, vio una pareja que se aproximaba al auto que le estaba bloqueando, ya iban a subirse pero el hombre le vio en su auto y al darse cuenta de que le había bloqueado se acercó a su ventanilla e hizo un gesto excusándose, Hugo movió una mano quitándole importancia y un momento mas tarde conducía hacia su casa con una desazón que no le dejaba respirar bien.

Era la una y quince minutos de la mañana cuando llegó. Yo no he matado a nadie, se dijo, no hay nada que temer.

Se sirvió una ginebra con hielo, limón y tónica pero no pudo sentarse a tomarla, caminó por la habitación con el vaso en la mano y comenzó a pensar en los detalles. El muerto parecía el individuo del cuadro en la pared, pero tampoco estaba cien por cien seguro; el arma era un poco extraña porque no era un simple cuchillo de cocina, era una daga, un puñal bastante fuera de lo común, entonces recordó las dos vitrinas con espadas y puñales que había a la entrada pero no recordaba haberse fijado en que faltara alguna; ¿Se habrá enterado ya Olga? Se preguntó, pensó que si, porque le había dicho que ya iba para allí, sin embargo cuando él entrara no había visto nada con el sillón de espaldas, es posible que Olga al entrar en la biblioteca y no verme se fuera a buscarme sin ver el cadáver.

Entró en el baño y al mirar el espejo vio a Roger mirándole sonriente. Fue él, pensó, tuvo ganas de romper el espejo pero sabía que eso era una estupidez, no debía perder la consciencia de sus actos, así que se dio la vuelta y salio del baño. Eran ya las dos y diez minutos, tenía que acostarse de otro modo estaría impresentable al día siguiente, bueno, ya era ese día; así lo hizo, pero le resultó imposible dormir, solo varias veces por breves momentos quedó adormilado pero cada vez le espabilaba la imagen de Roger ahora siempre con una sonrisa compasiva que le exasperaba aun mas.

A las siete de la mañana visto que no podía dormir se levantó, se dio un baño, se arregló, tomó un ligero desayuno y bajó a buscar un periódico que encontró en un dispensador que había frente a su vivienda, lo ojeó rápidamente pero no vio información alguna relativa al caso. Se quedó pensativo y regresó a casa.

Cuando iba a entrar se le acercó un individuo.
Perdone ¿Hugo Hardwich?

Yo soy, dijo Hugo.

El individuo le mostró una placa de policía y dijo: Necesitamos hacerle algunas preguntas, ¿Tiene la amabilidad de acompañarme?

¿No me las puede hacer aquí?

No, debe acompañarme.

Está bien dijo Hugo.

El policía le invitó a subir a su auto que era un auto privado, donde había otro hombre posiblemente también un agente.

¿De que se trata? Preguntó Hugo.

No lo se, una averiguación, mi jefe le explicará.

* * *

Realmente Hugo nunca había estado en una delegación de policía, solo las había visto en las películas, esta no era muy grande pero podía haber unas quince personas moviéndose allí dentro. Lo pasaron a un compartimento con paredes de vidrio y una pequeña mesa de reuniones y le dijeron que esperara.
En menos de diez minutos se presentó un individuo en camisa con el cuello abierto, una corbata sin ajustar y uno o dos días sin afeitar.

¿Señor Hugo Hardwich? Dijo tendiéndole una mano.

Si, dijo Hugo.

Mucho gusto dijo el inspector estrechándole la mano, vamos a grabar esta conversación para evitar malos entendidos, dijo al tiempo que ponía a funcionar una grabadora.

¿Estuvo anoche en la fiesta de los Logan?

Si.

¿A que hora se fue?

No lo se exactamente pero debía ser algo menos de la una porque se que llegué a mi casa a la una y quince minutos.

Hugo pensaba rápidamente tratando de decidir que debía contestar a cada pregunta, sabía que le iban a preguntar por el muerto, si decía que lo había visto tendría que explicar por que no informó de ello y si decía que no, estaría mintiendo pero si no se hubiera acercado al sillón no lo hubiera visto. No pudo pensar más porque la pregunta surgió de inmediato.

¿No supo nada de la muerte del señor Logan?

No, dijo Hugo tratando de parecer sorprendido.

Pues si, dijo el policía, le encontraron muerto en la biblioteca.

Cuanto lo siento, dijo hipócritamente Hugo, ¿Un ataque al corazón?

No, dijo el inspector, fue asesinado.

No me diga, dijo Hugo, ¿Quien lo mató?

Eso es lo que estamos tratando de averiguar. ¿Lo mató usted?

¿Cómo se le ocurre? Yo nunca mate a nadie.

Siempre hay una primera vez.

¿Por que iba a matarle? Yo ni siquiera le conozco.

Se sorprendería si le contara la cantidad de personas que sin conocerlas matan a otras.

Yo no hago eso.

Si no conocía al señor Logan ¿por que estaba en su fiesta?

Fui invitado por la señora Logan.

Ya veo, ¿que relación tiene con la señora Logan?

Ninguna, la he asesorado financieramente.

Usted no es un asesor financiero, es más bien un prestamista.

Pero se dar buenos consejos de cómo invertir el dinero.

Vaya, dijo el inspector, tal vez cuando esto termine tendré que pedirle que me aconseje.

Lo haré con mucho gusto.

Señor Hardwich, necesitaríamos registrar su casa, ¿Tiene usted inconveniente? O desea que solicitemos una orden judicial?

No tengo inconveniente, ¿Puedo estar presente?

Desde luego que si.

Una hora más tarde llegaban dos automóviles a la vivienda de Hugo y él en uno de ellos.

Después de entrar, le indicaron a Hugo tomar asiento y se quedó con él uno de los agentes de policía, una mujer policía se quedo también allí con un maletín del que iba suministrando, cuando se lo pedían, material para buscar huellas, los demás se dedicaron a buscar en toda la vivienda huellas u otros vestigios, lo que a Hugo le pareció inútil pero permaneció allí sentado sin pronunciar palabra.

Uno de los agentes se acercó a la mujer policía con un par de zapatos en la mano cubierta con guantes tipo quirúrgico, la mujer también con las manos enguantadas pasó un líquido sobre la suela de los zapatos y dijo: ¡Es sangre!

Hugo vio que eran los zapatos que llevaba el día anterior en la fiesta, seguramente había pisado la sangre del muerto sin darse cuenta. Tuvo que hacer un gran esfuerzo para no desplomarse, sintió la frente helada de sudor y un escalofrío le recorrió todo el cuerpo. Había cometido un error debía haber dicho que si había visto al muerto, ahora todo sería mas complicado.

Los policías hablaron entre ellos y el inspector se cercó a Hugo y le dijo: tengo que detenerlo como sospechoso por la muerte del señor Logan, al tiempo otro agente le puso unas esposas.

¡Yo no lo maté! Dijo Hugo.

Bien, dijo el inspector, hablaremos en mi oficina.

* * *

En el interrogatorio mas exhaustivo que se le hizo después en el Departamento de Policía, Hugo confesó toda la verdad detalle por detalle pero se dio cuenta de que no le creían.

Contrató un abogado al que también informó de todo lo ocurrido y le pidió que hablara con Olga la esposa del fallecido, pero esa gestión lo dejó aun mas desalentado.

Olga no solo no vino a verlo sino que le habló de Hugo al abogado como si apenas le conociese, dijo que le había consultado dos o tres veces sobre unas inversiones que deseaba hacer y el señor Hardwich había sido sumamente amable por le que le pareció oportuno presentárselo a su esposo.

La oportunidad de la fiesta era una buena ocasión y esa fue la razón de invitarle, en la fiesta apenas le vio y le dijo que ya le iba a presentar a su esposo, mas tarde su esposo le dijo que lo vería en la biblioteca y así se lo dijo al señor Hardwich pero después ya no lo vio mas, preguntó por él y le dijeron que lo habían visto salir de la biblioteca bastante apurado, unos conocidos de él incluso le llamaron pero no les respondió. Entonces entró en la biblioteca para preguntarle a su esposo y lo encontró muerto.

El abogado motivado por el relato de Hugo, le preguntó a Olga si no había habido una relación íntima entre ellos y Olga se mostró muy molesta, incluso ofendida y lo negó rotundamente.

El propio abogado de Hugo no confiaba completamente en su descripción de los hechos, todo parecía incriminarle, solo encontraba a su favor el hecho de que no parecía haber un motivo para el crimen.

La daga con que se había cometido el crimen, había sido tomada de una de las vitrinas de la colección y no tenía huella alguna, el asesino debió haber usado guantes; por otro lado, se encontraron sobre la alfombra de la biblioteca pequeñas manchas de sangre dejadas por los zapatos de Hugo cuya forma coincidía con las encontradas en sus zapatos partiendo del cadáver hacia la puerta.

También fueron detectadas sus huellas dactilares en el libro que estaba sobre el atril, había además las declaraciones de todas las personas que lo vieron salir de la biblioteca poco antes de que se descubriera el cadáver que todavía estaba caliente.

Pero ¿Por qué? Se preguntaba el abogado, nunca lo había visto antes ¿Que motivo podía haber tenido para matarlo?

Para descubrir a un criminal era casi considerado un axioma comenzar la investigación averiguando quien tenía un motivo o se beneficiaba con el crimen, el caso es que Hugo

Hardwich ni tenía motivo ni se beneficiaba con el crimen, entonces ¿Por qué?

Así, el abogado que en principio había tenido dudas se había convencido de la inocencia de su cliente, no tenía ninguna prueba para demostrarlo pero pensaba basar su defensa en conclusiones lógicas, el caso era lograr convencer al jurado.

Pronto fue anunciado el juicio que despertó bastante expectación, la sala estaba llena de público, el jurado, la defensa y la fiscalía estaban ya en sus puestos, enseguida fue traído también el reo. Hugo se mostraba ya resignado a su suerte sabía que era algo de su pasado por lo que tenía que pagar y además su víctima se presentaba con frecuencia para recordárselo, esto era toda una trampa.

Llegó el Juez y los presentes se pusieron en pie en señal de respeto, sentados de nuevo, el juez anunció el proceso: la ciudad contra Hugo Hardwich e invitó al fiscal a exponer el caso.

El fiscal presentó el caso: se procedía a juzgar a Hugo Hardwich por el asesinato de Albert Logan agregando una serie de detalles para resaltar el ensañamiento de Hugo contra una persona que ni siquiera conocía y que en consecuencia nada le había hecho.

En su momento el fiscal llamó a su primer testigo, era alguien a quien Hugo no conocía pero declaró que le había visto salir de la biblioteca aproximadamente a las doce y cuarenta y que se veía nervioso.

Luego le tocó el turno de pregunta al abogado quien se limitó a preguntar al testigo: Si a usted le dijeran que entrase en aquella puerta (dijo señalando una de las puertas que había en la sala) y al entrar usted ve a un hombre muerto con un cuchillo en el pecho ¿Se sentiría algo nervioso?

Hombre, dijo el testigo, es natural ¿No?

Si, es natural, contestó el abogado. Es todo, puede retirarse.

Eso era lo único que podían testificar los testigos.

También declaró la mujer de aquella pareja que llamó a Hugo cuando salía de la biblioteca sin que este le hiciera caso. Estaba muy asustado, dijo.

Al repreguntarla, el abogado se limitó a decirle: En cualquier caso, en su opinión ¿Cree que el acusado tenía motivo para estar asustado o nervioso?

Supongo que si, yo lo estaría, dijo la testigo.

Gracias, he terminado. Y el abogado regresó a su asiento.

Por último el fiscal llamó a declarar al inspector de policía que estaba llevando el caso.

Dígame inspector, el día Primero de Abril pasado usted efectuó un registro en casa del señor Hugo Hardwich con motivo de la investigación que estaba llevando a cabo por el homicidio del señor Albert Logan. ¿Ve usted al señor Hardwich en esta sala?

Si, es el acusado, dijo el inspector señalándolo.

¿Encontraron algo relevante en el registro de la casa del señor Hardwich?

Si, un par de zapatos en cuya suela había manchas de la sangre de Albert Logan. Se oyó un ligero murmullo en la sala.

¿Cómo puede estar tan seguro de eso? Preguntó el fiscal.

Por el análisis efectuado, además la forma de las manchas se correspondía con las manchas encontradas sobre la alfombra de la biblioteca del señor Logan.

El acusado señor Hardwich ¿Aceptó los hechos?

En su primera declaración lo negó todo pero después de que aparecieron los zapatos confesó. Dijo el inspector.

Muy bien, no hay mas preguntas.

Su turno abogado, dijo el juez.

El abogado se levantó y se dirigió al testigo.

Inspector, ¿Necesitaron una orden judicial para efectuar el registro en casa del acusado el señor Hardwich?

No, él nos autorizó voluntariamente a que lo efectuáramos.

¿Encontraron en su casa algo más que pudiera tener relación con el caso que nos ocupa? Preguntó el abogado.

No, nada.

De acuerdo con su experiencia ¿suele ocurrir que alguien al ser interrogado aun siendo ino-

cente niegue tener conocimiento de los hechos?

Ocurre de todo, dijo el inspector, pero el
negar conocerlos puede ser una presunción
de culpabilidad.

¿Cree usted inspector que el acusado al
entrar pudiera haber encontrado a la víctima
ya muerta y pisara la sangre inadvertidamente?

Podría ser posible, no lo sabemos

El fiscal objetó la pregunta por estar sugi-
riendo una suposición.

Dígame inspector, continuó el abogado, ¿considera usted al acusado hostil o colaborador?

Más bien colaborador.

Antes declaró usted al representante del fiscal
que después de que se encontraron los zapatos manchados de sangre el acusado confesó.
¿Quiso usted decir que confesó el crimen?

No, se declaró inocente pero cambió la versión
de los hechos, reconoció haber visto el cadáver.

Muchas gracias, no hay mas preguntas.

El juez le preguntó al abogado si iba a presentar algún testigo.

No Señoría, no presentaré testigos.

Le tocó entonces el turno al fiscal para presentar sus conclusiones, se levantó y dirigiéndose al jurado comenzó: Señores este es un caso evidente del que aunque desconocemos las razones que llevaron al acusado a cometer el crimen, si sabemos que él lo cometió. En la noche del 31 del pasado mes de Marzo, se celebró una fiesta en casa de la familia Logan, había muchos invitados y entre ellos se encontraba también el acusado que iba a ser presentado al occiso dueño de la casa señor Albert Logan, ya tarde en la noche el señor Logan se dispuso a recibir al acusado señor Hardwich en la biblioteca de su casa, avisado de ello el señor Hadwich se dirigió a la biblioteca para salir poco después habiendo asesinado a su anfitrión el señor Logan.

Después de haber cometido el asesinato, el señor Hardwich salió apresuradamente de la biblioteca, se dirigió a su auto y se fue.

Al día siguiente interrogado por la policía negó haber visto al señor Logan y no tener siquiera noticia de su muerte, sin embargo efectuado un registro en su casa se encontraron los zapatos que llevaba la noche anterior con manchas de sangre en la suela, manchas de sangre que correspondían al señor Albert Logan y que dejaron algunas huellas en la alfombra de la biblioteca. También se encontraron sus huellas digitales en un libro que estaba junto a un escritorio en la biblioteca.

Como han oído a los testigos presentados, no hay duda de que Hugo Hardwich salió de la biblioteca a esas horas, que fue visto por varias personas y que salía muy agitado y nervioso.

Como quiera que se presume que el acusado señor Hardwich ni siquiera conocía a Albert Logan, el haberlo asesinado de esa manera muestra un temperamento iracundo peligroso para la sociedad. No sabemos que le pudo haber dicho Logan que le indujera a cometer el homicidio pero si sabemos que un crimen así no puede quedar impune por eso les pido un veredicto condenatorio para el acusado en protección de la sociedad en general y de cada uno de ustedes en particular pues no está en nosotros conocer esas tendencias delictivas mas que por hechos consumados como este.

El fiscal se retiró a su asiento, se levantó el abogado y se dirigió al jurado en estos términos:

Ya han oído al representante de la fiscalía pedirles que condenen al acusado. ¿Con que pruebas? ¡Con ninguna! A ustedes se les ha informado que en caso de existir una duda razonable sobre la culpabilidad del reo este no puede ser condenado. ¿Existe alguna duda en este caso? Todo en él es dudoso. ¿Hay alguna prueba fehaciente? Ninguna, veamos.

La acusación se basa únicamente en dos pruebas circunstanciales: unas manchas de sangre en la suela de un zapato y el hecho de que el acusado estaba en la fiesta y entró y salió de la biblioteca.

¿Es esto suficiente para condenar a alguien? La casi totalidad de los asesinatos que se cometen en todo el mundo son por un motivo o por un interés o conveniencia, los demás son los cometidos por personas mentalmente enajenadas, pero este no es el caso aquí, el acusado es una persona oprimida por una acusación arbitraria que podría ocurrirle a cualquiera de ustedes, pero que razona perfectamente bien.

Veamos las presuntas pruebas. Las manchas en los zapatos: El acusado se encontraba en esa casa porque iba a ser presentado al señor Albert Logan y en cierto momento le dicen que le espera en la biblioteca. El acusado se dirige a la biblioteca, entra y en principio no ve a nadie, observa la decoración y de pronto al irse moviendo por la habitación le parece ver una persona en un sillón que parece dormida pues está quieta, se dirige hacia ella para presentarse y al verla de frente ve que tiene un puñal clavado en el pecho, lanza un grito involuntario que no es oído afuera de la biblioteca con el murmullo de la gente y de la música, se acerca para ver si está aun viva y al ver que esta muerta no sabe que hacer, llevaba una copa de champán en la mano que con el susto se le derrama en la alfombra sin advertir que había pisado sangre de la víctima.

En este punto podrían caber ambas suposiciones, que él lo matara o que ya estuviera muerto y resulta que la prueba acusatoria que se ha presentado de las manchas de sangre en los zapatos se convierte en la prueba exculpatoria, les explico:

Si alguien apuñala a otra persona, especialmente si está sentada como lo estaba el occiso, la herida tapada por el arma homicida comienza a sangrar con moderación, salvo que se haya interesado algún vaso sanguíneo, lo que no ha ocurrido en este caso, y sería absorbida por la ropa de la víctima y después por el sillón antes de llegar al piso, es decir, un proceso que puede tomar al menos varios minutos o incluso no llegar al piso. No tiene sentido que el homicida después de ultimar a su víctima, se quede todo ese tiempo junto a ella observándola y mucho menos dejar que la sangre le caiga en los zapatos que en ese caso no sería en la suela sino encima.

Si fueran necesarios simplemente tres minutos para que la sangre llegara al suelo, estaríamos hablando de ciento ochenta segundos, un tiempo que en una circunstancia así parecería una eternidad y que el criminal no arriesgaría permaneciendo junto a su víctima y menos en una casa con más de cien personas dentro. Pruebe cualquiera de ustedes a esperar ciento ochenta segundos por su reloj y verán lo largo que se puede hacer ese tiempo.

En cambio, si la persona que entra encuentra a la víctima ya muerta y hay sangre en el piso, significa que la persona ya lleva muerta un rato mas o menos largo, no aprecia la sangre entre los colores de la alfombra y puede pisarla inadvertidamente nerviosa por el espectáculo que está presenciando y de inmediato se encuentra ante un dilema: decirlo o no decirlo, en este último caso por miedo a ser culpado de algo que no ha hecho.

Con respecto a la circunstancia de que hubiera entrado en la biblioteca está ya justificada en el hecho de que había sido invitado a ello para conocer a Albert Logan, y si entró debía salir.

Volviendo al móvil o al interés del crimen, el acusado no tenía ni uno ni otro, ya que ni siquiera conocía al occiso.

Piensen que en esta situación en que se ve el acusado podría verse cualquiera de ustedes o su familia, no se puede acusar a nadie sin pruebas fehacientes. No voy a decirles ni sugerirles lo que deben hacer, ya conocen los hechos juzguen de acuerdo a su conciencia y como siempre se debe hacer, poniéndose en el lugar de la otra parte.

El abogado regresó a su asiento y el juez se dirigió al jurado invitándoles a salir a deliberar.

* * *

Hugo Hardwich ya hacía tiempo que se había resignado a su suerte especialmente por el acoso mental de su conciencia que le sugería la presencia de Roger por todas partes, en sus sueños, en un espejo y hasta en fogonazos que surgían ocasionalmente ante él anunciándole la muerte. Había tratado de sobreponerse a todo eso pero la absurda situación en que se encontraba involucrado le había hecho tirar la toalla.

El jurado apenas necesitó tiempo para deliberar, tres horas mas tarde el juez recibió información de que habían llegado a un veredicto, todo el mundo regresó a la sala y entraron los miembros del jurado. Interrogados por el juez sobre si ya tenían un veredicto contestaron afirmativamente y uno de ellos se acercó al juez y le entregó una nota con el veredicto.

El Juez la leyó, el acusado se puso de pie para escuchar la decisión del jurado y el juez dijo: El jurado encuentra al acusado inocente.

Hugo fue exculpado y puesto en libertad, se acercó al abogado, le estrechó la mano y le dio las gracias. Ya vengo, le dijo, nos vemos ahí afuera, y salió apresuradamente de la sala.

Estaba feliz, sintió que definitivamente se había librado de aquella maldición que le había estado persiguiendo durante los últimos años, había sido una pesadilla pero había terminado. Decidió bajar un momento al piso de abajo donde estaban los teléfonos para el público y al poner el pie en el primer escalón lo apoyó sobre un helado que se le acababa de caer a un niño, perdió el equilibrio, salió por el aire y cayó de cabeza sobre el mármol de uno de los últimos escalones. En la caída, su percepción final fue la imagen de Roger que le estaba esperando.

Se formó un corro de gente en torno a Hugo. El abogado que ya había salido de la sala, al ver el remolino de gente preguntó que pasaba.

Alguien se cayó, le dijeron. No le dio importancia y comenzó a bajar para buscar a Hugo. Al pasar entre la gente que rodeaba al caído oyó decir ¡Está muerto! Por curiosidad miró por encima de la gente. Hugo estaba muerto en el suelo.

*  *  *

# Seis puntos de vista

# Seis puntos de vista

El barco comenzó a separarse lentamente del muelle. Muchos pasajeros estaban viendo la maniobra desde las diferentes cubiertas y algunos de ellos desde las barandas de sus cabinas. En el muelle había solamente algunos trabajadores del puerto pero casi nadie despidiendo a los pasajeros de este crucero en un viaje corto de seis días saliendo de Puerto Rico a St. Martin, Trinidad, Barbados y Puerto Rico de nuevo.

Enrique, apoyado en la barandilla de la tercera cubierta miraba como el barco se iba separando del muelle, ya habían soltado y subido abordo las amarras, miró hacia su derecha y vio a un individuo posiblemente en sus cuarenta y muchos, el individuo viéndose observado sonrió y se presentó tendiéndole la mano a Enrique, yo soy Juan Swarz, mucho gusto, dijo Enrique quien se presentó a su vez: Enrique Robsson. Gusto en conocerle, dijo Juan y continuó.

Estos cruceros son tan frecuentes que la gente casi no les presta atención, vienen al barco como quien coge un taxi, mire, no hay nadie en el muelle diciendo adiós a los pasajeros.

Tiene razón, realmente es un viaje corto.

Alguien se acercó a hablar con Juan y Enrique aprovechó para irse a su cabina y organizar sus objetos personales.

*   *   *

Esa noche Enrique llegó al restaurante y se detuvo un momento a la entrada esperando a ser atendido pero pronto oyó a alguien que le estaba llamando por su nombre desde una mesa cercana, miró hacia allí y vio al hombre con quien había estado hablando en la cubierta, trató de recordar su nombre... si, Juan, era Juan que le estaba invitando a unirse a él en la mesa en que estaba con varias personas.

Caminó hasta la mesa, saludó a Juan y este le presentó a los otros comensales.

Este es Enrique les dijo; después dirigiéndose a Enrique, déjeme presentarle ahora a Colin, Lucas, Antonio y Nicolás, dijo señalando a cada uno de ellos y después mostrándole una silla a su lado, por favor siéntese aquí.

Encantado de conocerles a todos, dijo Enrique; gracias, añadió dirigiéndose a Juan, mientras que procedía a sentarse en la silla que le había sido ofrecida.

La cena transcurrió entre continuos comentarios de unos y otros que la hicieron muy entretenida y se sintió como entre amigos.

Después de cenar se fueron a un bar y Enrique iba caminando con Juan y le dijo: Hay algo que me llamó la atención y fue la ausencia de mujeres en la mesa. ¿Están todos ustedes viajando solos? Preguntó.

Si, dijo Juan, nosotros somos un grupo que se reúne para intercambiar opiniones sobre cualquier tema, cada noche uno de nosotros propone un tema de conversación que es comentado entre todos. Usted está invitado a unírsenos en este viaje si le apetece.

Gracias, le dijo Enrique a Juan y agregó: Disculpe mi curiosidad, ¿está usted casado?

Estoy divorciado y mis cuatro amigos son uno soltero, uno divorciado y dos viudos, ¿y usted?

Yo soy también viudo, ocurrió recientemente y precisamente estoy haciendo este viaje para despejar mi mente.

Ya verá, dijo Juan, con nosotros no se va a aburrir al menos por estos días.

Gracias, dijo Enrique.

**Primera noche. El honor**

En el bar había alguna gente pero no estaba lleno, escogieron una mesa en un rincón y pronto el camarero tenía una orden para dos coñacs, un cointreau con hielo y dos whiskeys escoceses, uno con hielo y soda y uno solo con hielo, y también un Bourbon de Kentucky.

¿Quien va a proponer el tema para esta noche?

Yo pienso, dijo Juan, que podemos concederle el honor a nuestro nuevo amigo Enrique.

Todos lo aprobaron y miraron a Enrique.

Déjenme pensar, dijo Enrique, no se... Esto me coge un poco de sorpresa... ya que me concedieron el honor de hablar esta noche, podemos hablar sobre eso, acerca del honor, algo que en mi opinión se esta perdiendo y que es de transcendental importancia en el mundo.

Es interesante dijo Antonio, permítanos conocer su opinión inicial sobre el tema.

Primero, comenzó Enrique, comentaré sobre el concepto a ver si estamos todos de acuerdo en su significado, personalmente para mi, honor es el propio respeto, es estar orgulloso de ser como cada uno debe ser, sincero, honesto y verdadero creyente en los derechos de cada persona. En resumen, honor significa justicia, porque quien es justo actúa correctamente hacia sus semejantes.

Muy bien, dijo Colin, no le aplaudo porque aquí no está permitido.

Gracias, dijo Enrique. Ahora me gustaría conocer sus comentarios para saber como piensa cada uno de ustedes sobre el honor.
Uted dijo, comenzó Nicolás, que el honor es algo que se está perdiendo. Es decir que está desapareciendo. Yo pienso que hoy día, como siempre, hay gente de todas clases, algunos actúan correctamente y otros no, pero yo no diría que el honor ha desaparecido.

Déjenme exponer mi punto de vista, dijo Lucas.

Discúlpenme, interrumpió Enrique, déjeme aclarar Nicolás que yo no digo que el honor ha desaparecido sino que se ha reducido a su mínima expresión, específicamente dije que se estaba perdiendo.

Bien, continuó Lucas, yo pienso que el honor es resultado de la educación, si uno nace en una familia en donde cada uno cumple la ley y da el mejor ejemplo, la tendencia será seguir ese ejemplo, porque los niños son como papel secante, como esponjas que absorben en su mente todas las tendencias que están viendo y sintiendo.

En mi opinión, intervino Nicolás, el concepto del honor es algo un poco abstracto, tal vez algo pasado de moda, de ese tiempo cuando la gente se desafiaba a un duelo y para limpiar su honor se disparaban uno a otro y al final si no había ningún muerto, yo no se si quedaba limpio el honor pero su ropa si podía quedar manchada de sangre. ¡Que mundo tan loco!

Antonio tomó el turno, Yo estoy de acuerdo en parte con Nicolás, hablar sobre el honor me recuerda aquellos torneos medievales entre dos caballeros galopando a caballo.

Yo no se si está propiamente dicho, pero pienso que Nicolás tenía razón al decir que el honor está pasado de moda. Hace menos de cien años si un japonés era acusado de algo que comprometiese su honor, se hacía el harakiri. Hoy eso no ocurre porque no hay honor que dañar.

Usted es muy pesimista... dijo Enrique.

Déjenme terminar, interrumpió Colin, después discutimos el asunto.

Enrique asintió y Colin comenzó.

Lo lamento, pero yo no estoy de acuerdo con las opiniones de Nicolás y Antonio. Yo he tenido siempre en gran consideración el comportamiento de la gente, en cierto modo me atrevo a decir que cada uno es como se comporta, en otras palabras yo diría que el comportamiento es el retrato de la personalidad de cada uno. En consecuencia, para mí, honor significa tener una mente limpia, sentido de justicia y sentir preocupación por todo lo que nos rodea, la gente, los animales o la propia naturaleza.

La falta de honor produce todos los desastres que vemos y oímos cada día en el mundo.

Bien, dijo Juan, solo falta mi opinión. Tengo que decir que para ser su primera intervención; Enrique escogió un tópico interesante, al menos susceptible de discusión.

Yo no pienso que el "honor" es algo para hablar a diario, es una forma de ser que caracteriza nuestra personalidad.

Cada uno es como es; la causa del comportamiento de la gente es algo diferente que merece tal vez otras consideraciones más importantes. My opinión sobre el honor es que es algo importante aunque casi nadie le presta atención en nuestro tiempo.

Estoy de acuerdo con usted, dijo Enrique.

Todo eso está bien, dijo Antonio, pero vayamos al aspecto práctico, se dijo que el concepto del honor está desapareciendo, que pasaría si desapareciese por completo, ¿Creen que apreciaríamos un cambio en el mundo?

Absolutamente, dijo Colin, en mi humilde opinión, si el sentido del honor deja de existir estaremos viviendo en un mundo diferente de bandidos y granujas y nuestras ciudades serían como la jungla, donde cada uno se aprovecharía del otro en beneficio propio de acuerdo con su fuerza. La gente tendría que estar permanentemente en guardia para evitar ser engañado o dañado.

Si, dijo Enrique, sin embargo yo creo en una naturaleza humana diversa y ahora como en cualquier otro momento de la vida del mundo, siempre existirá toda clase de gente, el problema es lo que haya proliferado más, porque si la gente mala es la más abundante, la buena será subyugada y estará temerosa de su propia integridad.

En una situación extrema como esa, la única posibilidad de salvación es la ley y que el poder en el país esté en buenas manos, en alguien consciente de los verdaderos valores quien a través del uso de la fuerza y el castigo proporcional al delito sea capaz de restaurar la vida pacífica en una comunidad.

Nicolás tomo la palabra para decir: presten atención a la evolución de sus palabras, primero un ambiente de desastre por la falta de honor y después una férrea dictadura para traer la paz de nuevo. Creo que están llevando las cosas al extremo.

Lo que se está considerando son posibilidades desde un punto de vista lógico, señaló Juan. De hecho, si nos referimos al significado de honor encontraremos que es relativo a cualquier aspecto de la vida diaria de todos, no solo en las relaciones públicas sino también en las privadas, porque si alguien actúa con honor, lo hará tanto en la calle como en casa.

Ok, dijo Antonio, hagamos una pequeña verificación, aquí estamos seis, ¿Quién considere ser un hombre de honor que levante la mano?

Cada uno de los seis levantó la mano.

Bien, bien, sonrió Antonio, no se si nosotros seis somos hombres de honor, pero lo que es claro es que a todos nos gustaría serlo.

El comentario produjo la risa de todos.

Creo que hemos hablado y bebido suficiente por este primer día, me voy a dormir, dijo Lucas.

Propuesta aprobada, Antonio cogió la cuenta y cada uno puso su parte. Comenzaron a salir del bar y se detuvieron un momento en la cubierta para ver el mar escasamente iluminado por una media luna. La noche estaba en calma; la brisa permanente enfriaba el cuerpo y traía una fragancia especial mezcla de sal y de aromas del barco.

Cada uno dijo adiós a los demás y se fueron a sus respectivos camarotes.

*   *   *

## Segunda noche. Las mujeres

Cada uno pasó el día de acuerdo con su preferencia, en la noche se reunieron todos para cenar y después de la cena se fueron al mismo bar de la noche anterior.

Tras algunos comentarios y bromas Juan preguntó: ¿quien va a proponer hoy un tema de conversación?

Yo, dijo Colin.

¿Cual será tu tema?

Yo propongo que hablemos sobre las mujeres, yo soy aquí el único soltero y espero aprender y aprovechar sus opiniones sobre ellas.

Interesante tópico, dijo Juan.

Interesante, difícil y controvertido, agregó Nicolás.

Comienza entonces. Dijo Juan.

Para mi las mujeres son algo curioso, comenzó Colin, tengo que decir que cuantas mas mujeres conozco menos las entiendo.

Créeme, eso es absolutamente normal; creo que muchos hombres sienten lo mismo, dijo Antonio, pero ¿Cuál es tu problema?

De hecho, contestó Colin, no es un problema, yo pienso, y tal vez estoy equivocado, que si empiezas una relación con una mujer debes considerar cual es el propósito y yo encuentro tres posibles: amistad, amor y sexo, a no ser que ustedes puedan agregar otros, y dirigió una mirada a sus amigos.

Lucas señaló: Quizá podamos incluir una estrecha relación profesional, por ejemplo una pareja investigando sobre algo. No es amor, amistad ni sexo, quizás camaradería, algo cercano a la amistad, pero no necesariamente.

Es posible, concedió Colin, lo difícil en mi opinión es lograr mantener una relación tal como es sin cambio, y comprendo que el cambio puede venir de cualquiera de los dos, y lo que es peor ocurre la mayoría de las veces.

Pero ese cambio, si ocurre, no es necesariamente malo, argumentó Enrique.

Puede ser, aceptó Colin, pero ese cambio modifica tu propósito original y puede crear incomodidad, aunque sea mental.

OK, dijo Juan, danos tu opinión sobre las mujeres de acuerdo con el conocimiento que tienes de ellas.

Bien, yo he podido notar lo siguiente: Cuando encuentras y conoces a una mujer por primera vez, es como si estuvieras siendo escaneado, ella hace un primer examen que tienes que superar; si no es así, ella no va a perder tiempo y encontrará una excusa para alejarse de ti.

Si pasas el primer examen, comenzará una conversación a través de la cual ella tratará de saber lo mas posible de ti, y del resultado de esto dependerá el interés de ella en comenzar una relación superficial. Por supuesto, la calidad de tu conversación será importante.

Después de este primer acercamiento, si ella por alguna razón intelectual o material te encuentra de interés, investigará acerca de ti con otras amistades relacionadas.

Nicolás intervino, eso es igual para las dos partes, supón que empiezas a hablar con una mujer que a primera vista te gusta, estarás interesado en saber quien y como es. ¿No es así?

Si, aceptó Colin, pero ¿no piensas que no es una forma natural de hacer las cosas?

No, contestó Nicolás, la causa es la naturaleza humana; hay gente buena y mala, con buenos y malos sentimientos, buenas y malas intenciones, incluso gente que te puede poner en peligro. Es necesario saber con quien estas hablando, de otra forma estarás corriendo un riesgo.

Bien, continuó Colin, en este punto la eventual continuación será cosa de ambos. Es posible que ella tenga un verdadero interés pero que tu no estés motivado, en cuyo caso ella utilizará su estrategia y atributos personales para convencerte y es posible que en algún tiempo estés involucrado en una relación que paradójicamente estarás pensando que la has dirigido tú.

Si por el contrario, a ti te gusta ella pero ella no tiene interés en ti, lo mejor que puedes hacer es olvidarla lo más pronto posible, si insistes en lograrla, aunque lo consigas te acabarás arrepintiendo después.

Para mí, lo importante en una relación es que fluya naturalmente, no me gusta convertir una relación en un desafío como si fuera el resultado de una maquinación mental, yo reservo esto para el trabajo y los negocios.

En las relaciones personales no puedo ver bien una relación íntima en la cual tu tengas que cuidar lo que dices porque de otro modo la otra persona puede molestarse y al mismo tiempo posiblemente tu ves que la otra parte está actuando para tratar de producir en ti la mejor impresión.

Todos ustedes han pasado por la experiencia de compartir sus vidas con mujeres, ¿Qué tienen que decir?

Nicolás tomó la palabra, lo primero que yo tengo que decir es que tú estás preguntando sobre las mujeres y resulta que tienes un buen conocimiento acerca de ellas, como he dicho antes, el tema de las mujeres es interesante pero difícil y controvertido, ¿Qué quiero decir con esto?

Es difícil porque hablar sobre la gente, no importa el género, no es fácil porque no podemos adelantar aseveraciones sobre algo que no podemos penetrar como es la mente de otra persona, aunque hay gente mas transparente que otra, cualquier cosa que podamos decir sobre alguien, excepto si hay evidencia expresa, no tendrá certeza alguna.

Por otro lado hay tantas opiniones como personas y esta es la razón de que yo considere este tópico como controvertido, pero déjame decirte que ese desafío que no te gusta es uno de los atractivos de la mujer, y aunque tu no desees un desafío, para otros es una de las encantadoras cualidades que encuentran en las mujeres, una especie de misterio a desvelar.

Enrique, me gustaría conocer su opinión, usted dijo que recién ha perdido a su mujer y sus sentimientos a ese respecto están frescos y está en esa peculiar situación por la que algunos de los presentes pasaron hace algún tiempo. Por supuesto si no le resulta penoso el recordarlo.

Yo tengo que decir que echo de menos a mi mujer, dijo Enrique, no se si la palabra esposa expresa un verdadero significado, yo mejor diría mi pareja, mi compañera, porque verdaderamente ella fue en todos los aspectos de mi vida un complemento para mi como yo intenté serlo para ella.

Usualmente cuando alguien muere, todo el mundo habla bien del que se fue, pero este no es el caso, en mi opinión, dijo mirando a Colin, la pregunta es si estás enamorado de tu pareja o no, esto hace una gran diferencia.

Y ¿que significa estar "enamorado"? interrumpió Colin.

Ahora fue Juan quien tomó la palabra para contestar a Colin. ¿Estás diciendo que nunca te enamoraste? No puedo creerlo. ¿Quieres decir que tú nunca te sentiste atraído por alguien?

No, contestó Colin, hay gente que me gusta y otra que no, eso no depende de mí, sabes, en la vida diaria encontramos gente de todas clases: amigable, desagradable, cortés, falta de educación, aduladora, inteligente y brillante, otra incapaz, ignorante o grosera, esas cualidades diversas promueven o hacen imposible nuestro aprecio por la gente, pero amor... eso es diferente.

Estamos descubriendo un nuevo espécimen, dijo Antonio, junto al masculino y femenino, hemos descubierto en la gente el género neutro.

No te rías de mi; dijo Colin, estoy hablando sincera y honestamente.

Colin tiene razón, dijo Juan tratando de poner orden.

Lucas comenzó a hablar dirigiéndose a Colin, mira Colin, yo no creo en esa tontería del género neutro, sin embargo creo en el amor y déjame decirte que si efectivamente nunca sentiste el toque del amor te estás perdiendo la sensación mas grande que cualquiera puede sentir en este mundo, yo aun diría mas,

¡En el Universo! No voy a decir que siempre produce felicidad porque a veces es una fuente de gran sufrimiento, pero de cualquier modo es algo maravilloso.

Y ¿En que consiste esa sensación? Preguntó Colin.

Trataré de explicarte, pero no puedes tener una buena idea de ese sentimiento a menos que lo sientas tu mismo.

El amor es una sensación, continuó Lucas, en la cual participa el cuerpo, la mente y el alma. Cuando encuentras a alguien que te inspira amor, frente a esa persona sientes algo que no puedes evitar, que te hace temblar, que te impide hablar y que te produce una especie de escalofrío a través del cuerpo.

Pero eso es terrible, dijo Colin.

No, no es terrible, es maravilloso, dijo Lucas.

Creo que no estoy entendiendo, dijo Colin, tal vez alguien puede ser más explícito.

Entonces Nicolás dijo: yo no se, quizá tu forma de sentir es un matiz entre tantos que existen. Hay hombres muy propensos a enamorarse que creen sentir amor casi por cada mujer que encuentran, esa situación tanto en hombres como en mujeres no tiene nada que ver con el amor sino con el sexo, podemos decir que hay personas adictas al sexo. Mirando hacia el otro extremo como en tu caso, parece que no eres propenso a amar.

Está bien, dijo Colin, ¿que sientes frente a la mujer que amas?

En mi opinión, dijo Nicolás, la mujer que amas, aunque no lo sea, te parece la mujer más bella del mundo.

Bueno, intervino Lucas, eso es mientras la deseas, después de que está contigo esa imagen ideal se reduce, como sucede con la mayoría de los deseos que tenemos después de que se satisfacen.

Déjenme hablar un poco sobre la mujer, dijo Juan, porque ninguno de ustedes está ayudando a Colin con sus comentarios y no necesito decir que será simplemente mi opinión personal.

Los seres humanos tienen tres elementos rectores a los que ya antes se refirió Lucas: alma, mente y cuerpo. El alma sin entrar en otras consideraciones define la forma de ser de la persona; la mente funciona bajo una doble influencia: el alma y los sentidos, por su parte el cuerpo actúa motivado por tendencias psicológicas y órdenes recibidas de la mente, además de la influencia que ejercen sobre él las percepciones de los sentidos.

Veamos ahora cual es el papel de la mujer en este contexto. Una mujer, como cualquier otra percepción es recibida a través de los sentidos, pero adicionalmente su presencia es reforzada por la líbido, es decir, por el cuerpo que siente una señal de atención hacia ella, lo cual es una reacción normal que ocurre también en el reino animal e incluso en el vegetal.

Aparte de esto, afinidades personales, químicas y otras consideraciones de carácter intelectual y material desempeñan también su papel.

Todo esto solo tiene que ver con la razón de la mutua atracción entre hombres y mujeres, aunque también puede haber desviaciones que modifiquen este orden natural, sin embargo creo que Colin está mas interesado en como piensa la mujer para saber la forma como manejar tal clase de relación.

Ante todo Colin, las mujeres en general tienen una peculiar forma de razonar y como supongo que tu como cualquiera de nosotros deseas tener una relación tranquila con tu eventual pareja, voy a comentar algunas de esas peculiaridades, si les prestas atención tendrás algunas probabilidades de tener una relación pacífica.

Mientras estés compartiendo tu vida con una mujer, nunca, pero nunca critiques su apariencia en cualquiera de sus aspectos; por el contrario dile siempre que está radiantemente hermosa. Si te pide tu opinión sobre un vestido que no te gusta, lo máximo que puedes decir es que es bello pero no lo suficiente para su belleza.

Si ella tiene la intención de hacer algo que tu sabes que es una decisión equivocada, no le digas que va a hacer algo mal, su idea debe ser siempre estupenda y tendrás que buscar el inconveniente en algo que no tenga nada que ver con ella.

Esfuérzate en saber sus preferencias y cultívalas, tal vez a ella le guste divertirse, o es una intelectual que le gustan los pensamientos profundos, o es apasionada por la música o los deportes o... esto es muy importante, aparte de cualquiera de esas preferencias a la mayoría de las mujeres les gusta comprar, ¿Comprar que? No importa que, cualquier cosa.

Algo también importante es que nunca olvides una fecha como puede ser tu aniversario de matrimonio, su cumpleaños o el cumpleaños de su madre, la música que sonaba cuando bailaron juntos por primera vez, o cualquier otra cosa que ella considere importante.

Si ella te reclama por algo aunque estés seguro de que tu no eres culpable, acepta el reclamo y excúsate, dile que nunca volverá a ocurrir.

Debes tener también presente aquellas situaciones que son siempre un riesgo para la buena relación entre tú y tu pareja, por ejemplo conducir un automóvil. Si ella está conduciendo no digas una sola palabra aunque estés desesperado viendo las cosas que está haciendo, no caigas en el error de pensar que si la corriges será bueno y ella lo recordará para la próxima vez, gran error, si haces eso ella estará molesta y ofendida.

Si por el contrario estas conduciendo tu y ella te dice que está viniendo un auto todavía a una milla de distancia asumiendo que no vas a verlo, te reclama que vas muy rápido o que el auto que está al lado o enfrente esta muy cerca; aunque no estés haciendo nada que implique riesgo, no le reclames o digas nada, solo dale las gracias por su aviso.

Si ella te regala alguna ropa, una corbata, una camisa u otra cosa, elogia el regalo, su buen gusto y dile que es un encanto. Por supuesto no te olvides de usar su regalo en la primer oportunidad, no importa si te gusta o no.

Supongo que estarás también interesado en saber la forma de hacerla feliz, porque tu felicidad dependerá de la de ella; sal con ella lo mas posible, dedícale hermosas palabras a su belleza e inteligencia cada vez que la veas, no importa lo hermosas que puedan ser sus amigas, tu siempre tienes que decir que ella es la mas hermosa de todas. Déjala que compre todo lo que desee y si necesitas hacerle un regalo, recuerda que lo que más le gusta son las joyas.

Colin les miró a todos aterrado y dijo: ¡No me casaré! ¡Nunca!

No te lo tomes de esa manera, dijo Enrique, el matrimonio tiene cosas encantadoras; recuerda lo que les dije de cómo extraño a mi mujer. Perdóneme, pero eso debe ser una tendencia masoquista. Creo que tengo suficiente por hoy.

Si, es realmente tarde, dijo Juan, mañana continuaremos.

* * *

## Tercera noche – Los celos

La tercera noche se encontraron todos en el restaurante y cada uno hizo algún comentario sobre el transcurso de su día; Colin estaba visiblemente bronceado, lo que fue comentado por algunos de los otros.

¿Que se puede hacer aquí? Me pasé casi todo el día en la piscina, dijo Colin.

¿Simplemente en la piscina o pescando? Preguntó Lucas.

Lo que me dijeron ayer puso un escudo protector en mi mente contra las mujeres, de todos modos todas las mujeres guapas que vi estaban con alguien, no puedo imaginarme una mujer interesante viajando aquí sola.

Estás equivocado, tengo un amigo que conoció a su pareja, una bella mujer, en un crucero. Contestó Lucas.
Puede ser, pero creo que eso no es usual.

Al terminar la cena, al igual que los días anteriores, se fueron al bar y ocuparon la misma mesa en el rincón. Ya servidos los tragos Juan preguntó: ¿Quién va a proponer el tema hoy?

Nicolás levantó su mano y dijo: Ayer estuvimos hablando sobre las mujeres y las relaciones de pareja, yo propongo un tema que puede afectar ese tipo de relaciones: los celos.

Juan miró a los otros y nadie dijo nada en contrario, entonces dijo: bien, empieza tu introducción y danos tu opinión.

Nicolás comenzó: Los celos son un sentimiento corrosivo en cualquiera de sus aspectos, no solo en el amor sino también en relaciones profesionales o artísticas, sin embargo vamos a referirnos solo a como los celos pueden afectar una relación amorosa, pero primero creo que es bueno establecer que debemos entender por celos.

Yo diría que los celos son un sentimiento interno que el celoso, él o ella, no puede evitar porque viene de su interior.

Cuando dices "él o ella", puntualizó Antonio, significa que consideras que tanto el hombre como la mujer pueden sentir celos.

Por supuesto, contestó Nicolás, los celos son un sentimiento que afecta a los humanos, no importa el género. Pero, ¿Qué es lo que produce ese sentimiento? En mi opinión tenemos que distinguir entre celos de origen interno y externo, aunque ambos están relacionados.

Internamente, la causa es la configuración de la mente del sujeto, es decir, inseguridad sobre los sentimientos de la otra persona, falta de autoestima, falta de confianza en la otra persona y otros motivos similares.

Externamente, cualquier acto mal interpretado de la otra persona, aunque pueda ser completamente inocente y falto de significado o un acto de terceras personas aunque su pareja no haya prestado atención al mismo.

Y finalmente, antes de someter el tema a sus comentarios, quiero mostrar la relevancia del hecho de que el celoso no desea sentir celos porque él o ella sufre enormemente con ellos, pero es un sentimiento que está por encima de sus deseos y de su voluntad, es algo que golpea la mente como un martillo produciendo un terrible dolor psíquico y un malestar irresistible.

En mi opinión, comenzó Enrique, los celos son una especie de enfermedad que puede afectar aspectos somáticos si es producida de una manera continua; es una falta de certeza que es mala para el celoso pero que al mismo tiempo le hace la vida insufrible a la persona objeto de los celos.

Yo no se si es apropiado hablar de enfermedad, dijo Colin, quizá es la falta de confianza en la otra persona, aunque no tenga justificación de ninguna clase.

Posiblemente, dijo Lucas, tenemos que tomar en consideración la conducta de la otra persona, puede ser que a veces de origen a ese sentimiento de celos.

Puede ser, aceptó Colin, pero si tú confías en tu pareja no hay razón para sentir celos.

Todo es posible, ¡quien sabe! Concedió Lucas, y tu Juan, ¿Cuál es tu opinión?

Juan miró a sus amigos y dijo: yo he sido testigo de varios casos de celos; algunos de ellos produjeron un terrible desenlace, incluiso muerte.

Recuerdo como una mujer en una de las explosiones de celos de su marido, desesperada por el acoso, saltó por la ventana posiblemente para terminar con una vida insufrible.

Eso es terrible; dijo Antonio, creo que debe haber otra forma de terminar con una situación como esa.

Tienes razón, aceptó Juan, pero si pones la mente de algunas personas en una situación extrema, el resultado es impredecible.

En un caso como ese, ¿Qué hace el esposo después? Preguntó Lucas.

La reacción puede ser diferente de acuerdo como funcione su mente, continuó Juan. Imaginemos varias: Una posibilidad, la peor y menos frecuente, es que el hombre desesperado por lo que ha causado se quite también la vida.

En otros casos, el hombre se justifica a si mismo no reconociendo que él haya hecho nada que haya podido causar tal acción de la mujer quien en su opinión pudo tener algún fallo mental.

Una tercera clase de personas conservará por el resto de su vida un remordimiento que no les permitirá vivir por mucho tiempo, pero será un remordimiento por el suceso, no por su conducta porque ellos continuarán siendo celosos porque es su naturaleza.

Es increíble, dijo Enrique, me pregunto que es lo que puede motivar esas erupciones de celos.

En el caso de parejas con una relación amorosa, cualquier cosa; si él ve a un hombre en una fiesta o en cualquier otro lugar hablando con su esposa, inmediatamente supone una infidelidad. Es normal que miremos a la gente que nos rodea, pero si la esposa o la pareja de un hombre celoso mira a otro hombre, el supone de inmediato una intención provocativa.

¿Como definirías la personalidad de un hombre celoso? Preguntó Colin.

Yo diría que es alguien inseguro, posesivo y autoritario, con una concepción equivocada sobre el significado de las relaciones humanas y un cobarde si en esas erupciones de celos llega a golpear a su mujer.

Veo que estamos hablando principalmente sobre los celos en los hombres, intervino Nicolás, yo dije que pueden darse en ambos, hombres y mujeres ¿Qué me dices de los celos en las mujeres?

Bien, dijo Juan, a través del tiempo las mujeres han sufrido permanentemente el engaño de sus maridos con varias clases de reacciones que van mas allá de estos comentarios porque los celos son el producto de una reflexión mental, y lo que comentamos son hechos cumplidos. Hoy día la liberación general en cualquier aspecto de la vida ha cambiado los viejos conceptos, aunque el que es celoso lo continuará siendo.

Cuando es la mujer la celosa, ella está pendiente de todo lo que hace su pareja, registra sus bolsillos, mira las llamadas que tiene en su teléfono móvil, hace lo que esté a su alcance para oír sus conversaciones telefónicas y algunas de ellas incluso siguen a su pareja para ver a donde va y con quien está.

Los celos de la mujer al hombre pueden ser tan insufribles como los del hombre a la mujer.

Los celos, continuó Juan, son algo que puede perturbar o incluso destruir no solo la vida de una persona sino incluso la de una familia.

¿Que sugieres para evitar un sentimiento de celos? Preguntó Antonio.

Eso es algo difícil de contestar por la simple razón de que los celos no dependen de la voluntad de la gente, aun mas, mucha gente que sufre de celos no desean ser celosos pero es algo que está por encima de su voluntad, es una sensación de alarma de su mente que ellos sienten en su corazón, altera su ritmo y ellos no pueden evitarlo, se imaginan desagradables situaciones inexistentes que pueden producirle ataques de ira e inducirles a actuar irreflexivamente.

Entonces, preguntó Antonio, en tu opinión ¿que puede hacer una persona que está sufriendo los celos de otra?

Nada, porque el celoso no acepta tal condición y si la acepta, promete que nunca volverá a ocurrir hasta la próxima vez que puede suceder en cualquier momento, terminó Juan.

¿Que tal si continuamos mañana? Agregó.

Todos estuvieron de acuerdo y se fueron a sus respectivos camarotes.

*  *  *

## Cuarta noche – La política

Al dia siguiente cuando se reunieron en el restaurante las preguntas fueron sobre ese día y no hubo mucho que decir, algunos de ellos estaban felices considerando esos días como unas verdaderas vacaciones mientras que otros estaban un poco cansados de la uniformidad de las actividades.

Mas tarde en su mesa del rincón del bar, Lucas dijo que había estado oyendo las noticias y que proponía hablar sobre política.

Juan que acostumbraba a ser el moderador dijo: La política es un tema que se presta a mucha controversia del que cada persona tiene un punto de vista diferente que debe ser respetado aunque no tenga sentido para otros.

Yo no estoy proponiendo, hablar sobre los varios sistemas políticos o las diversas opiniones en torno a la política; argumentó Lucas, hablaremos sobre lo que la política representa en la vida de la gente y su efecto sobre ella. En el tiempo que dedicamos a nuestros comentarios nada más puede ser discutido.

Juan miró a los otros quienes asintieron y Juan dijo, está bien, puedes empezar.

Lucas comenzó su intervención de esta manera: ¿Saben de algo que influya más en la vida de las personas que la política? Nadie que este viviendo en una comunidad de personas puede estar ajeno a ella, no importa si lo deseas no. Por esta razón creo que la política es la preocupación más importante para cualquiera. ¿Están de acuerdo?

Los presentes se miraron unos a otros y asintieron esperando los comentarios de Lucas quien siguió.

Como he dicho, no voy a referirme a los sistemas políticos como entidades, que más pronto o mas tarde aparecen imponiendo su presencia cuando un grupo de gente decide vivir junta.

Para que una comunidad de gente funcione bien, alguien tiene que dirigir la colectividad y establecer leyes o normas de conducta especificando derechos y deberes incluyendo castigos para los infractores proporcionales a la infracción cometida.

La pregunta es si la política, como la conocemos actualmente, es realmente necesaria en la organización social de una comunidad de gente. ¿Qué opinan?

No es tan simple; intervino Enrique, mas aun teniendo en cuenta el gran volumen de población que vive hoy día en un país. Es esencial una organización administrativa para cubrir todos los sectores de las actividades públicas, eso es lo que hace la política, además los elementos básicos fundamentales que usted ha mencionado: "leyes" y "castigos" no son otra cosa que los rudimentos de la política en una comunidad pequeña.

No estoy de acuerdo con usted, dijo Lucas dispuesto a defender su posición, veamos, supongamos una pequeña comunidad de gente, algunos cientos o incluso algunos miles de personas, teniendo en cuenta la diversa naturaleza de la gente, es necesario un elemento regulador para evitar el caos.

Ese elemento regulador podría ser una persona o varias personas como una junta de ciudadanos; un cuerpo legal aprobado por la colectividad y un elemento de seguridad y defensa cuyo propósito es garantizar el cumplimiento de la ley y defender al país de disturbios internos y amenazas externas.

Esta sería una organización simple ajena al gran aparato de la política. ¿Qué significaría esto? Menos impuestos a la población porque hay menos gastos.

Si examinamos el presupuesto del gobierno en un país, encontraremos una abundante cantidad de posiciones de trabajo que no son necesarias y si sumamos lo que representan en dinero y hacemos una comparación con el volumen de población del país el resultado será sorprendente.

La política como la conocemos actualmente significa descentralización, una gran cantidad de ministerios, departamentos u organismos que difícilmente pueden ser bien controlados, muchos de ellos inútiles; la prueba es la constante información de corrupción en muchos de ellos y si adicionalmente miramos a su productividad es la mas baja comparada con cualquier compañía privada.

Un momento, interrumpió Nicolás, todos esos departamentos del Estado tienen una función específica que es útil para el Estado y en consecuencia para los ciudadanos. Creo que tienes que aclarar a que clase de sistema político te estas refiriendo, porque es absolutamente diferente hablar sobre una democracia de libre mercado, una dictadura de normas rígidas o una economía comunista.

Por supuesto que me estoy refiriendo a una economía capitalista de mercado libre, contestó Lucas, y cuando digo que muchos de los organismos o departamentos del Estado son inútiles es verdad, pero me refiero no a su actividad sino a la forma como esa actividad es desarrollada.

A mi me resulta curioso que cuanto mas avanzada es la tecnología mayor es la cantidad de gente usada para controlar las diversas actividades del Estado. ¿Qué necesita un hombre para vivir?

Varias cosas, dijo Colin, ante todo comida para alimentar al cuerpo; segundo, asistencia médica para cuidar el cuerpo; tercero, un sistema de educación para alimentar la mente y hacer al ciudadano capaz de enfrentar la vida, enseñar a la gente a comportarse en sociedad e indiscutiblemente un sistema legal completo que debe incluir la emisión de leyes, establecimiento de penas para los infractores y jueces para evaluar las violaciones de la ley. Con seguridad estaré olvidando algo pero creo que esto es lo básico.

Si, dijo Lucas, estas olvidando muchas cosas pero efectivamente esas cubren las necesidades básicas. ¿Crees que para suministrar esos servicios se necesitan varios miles de personas? ¿O será que muchas de esas posiciones de trabajo son para favorecer a los seguidores políticos o a los miembros del partido?

Enrique dijo: tu teoría producirá un gran desempleo. ¿Como vas a solucionar eso?

Yo no creo que el Estado o el gobierno existen para dar empleo sino para el orden y la seguridad y si existe un intercambio de obligaciones a través de un contrato social, la gente tendrá que buscar la forma de vivir, por supuesto dentro del marco de la ley, de otro modo estaremos creando una sociedad de gente incapacitada no apta para hacer nada si no está subsidiada o empleada por el sistema de gobierno, dicho simplemente, una sociedad de parásitos.

Bajo una concepción moderna, un Estado debe estar regido por alguna clase de contrato social por el cual la gente desarrolle una actividad productiva y el Estado cuide de la gente dándoles toda clase de servicios necesarios incluyendo seguridad. Para hacer posibles esos servicios, toda la población dará al Estado un porcentaje establecido de los beneficios de su actividad a lo largo del año, si una persona no tiene beneficio alguno un año, recibirá igual todos los servicios y cuando esa persona llega a una edad establecida por el gobierno podrá retirarse y recibir toda clase de asistencia durante el resto de su vida. Dicho de esa manera resulta justo, pero ¿Cuál es la realidad?

Cuando un nuevo gobierno es elegido, controlará todo: ejército, policía, seguridad social, fronteras, y los ministerios que suministrarán todos los servicios, lo cual en mi opinión crea un desequilibrio entre ambas partes.

El gobierno actúa a su discreción y el pueblo tiene que obedecer y si el gobierno no actúa con justicia las posibilidades de un simple ciudadano de reclamar son un tanto inciertas, en teoría no, pero en la práctica si.

Un momento, dijo Juan, te estás olvidando que en casi todos los países existe un congreso o algo similar, con representantes que fueron elegidos por el pueblo para defender sus derechos.

No, no lo he olvidado, sin embargo si una persona es lesionada en sus derechos, patrimonio o en su integridad física, la forma de reclamar es ir a los tribunales, lo que significa tener dinero suficiente para pagar a un abogado y los gastos procesales; todo el mundo sabe que en la mayoría de los países del mundo la gente espera años por una sentencia y si gana no significa que pueda resarcirse del daño recibido.

¿Que es lo que propones? Preguntó Juan, porque todo el mundo sabe eso.

Yo no soy nadie para hacer una propuesta, dijo Lucas, solo quiero dar relevancia al hecho de que la política no contribuye a mejorar la calidad de vida sino al contrario.

Juan insistió, te pregunto de nuevo, ¿Que propones?

Yo no deseo proponer nada, lo que yo espero es hacer comprender a la gente como es hoy día la política, no es un servicio para el pueblo sino un yugo que el pueblo no puede evadir.

Déjame preguntarte algo, dijo Nicolás, ¿Crees que un país puede deshacerse de la política?

Creo que si.

¿Como? Dijo Nicolás, en mi opinión si todos los políticos renunciasen mañana a sus cargos el país estaría en caos, ¿Cuál es tu opinión?

La misma que la tuya, pero esa no es la manera, tu no puedes cambiar el sistema de un país como si estuvieras cortando un pedazo de pan, además yo no estoy diciendo que es necesario eliminar la política sino su significado y funcionamiento. Yo entiendo que es algo complejo pero posible. Para empezar podemos aceptar el nombre de política, porque eso no tiene relevancia, es solo un nombre y podemos entender por él el conjunto de elementos que tienen a su cargo la administración de un país.

De lo que considero que tenemos que deshacernos es de los políticos porque lo que ellos hacen es vivir del pueblo y establecer para ellos mismos consideraciones y privilegios especiales sobre todos los demás ciudadanos, adicionalmente aparecen constantemente casos de corrupción de políticos procedentes de todos los países del mundo.

De cualquier modo, alguien tiene que dirigir el país y cualquiera que elijas puede ser también corrupto, dijo Nicolás.

Lo se, puedes estar seguro de que si deseas tener una buena y honesta administración, tienes que buscar un pequeño grupo de gente, la mas honesta e inteligente que puedas encontrar para dirigir el país y al mismo tiempo establecer los mas duros castigos para quienes violen la ley, ya que la suavidad o falta total de castigo para la corrupción política es lo que mas decepciona a los ciudadanos, terminó Lucas. Por supuesto esto necesita ser organizado, lo cual toma tiempo, agregó.

Está bien, dijo Enrique, entiendo tu punto de vista, es seguro que la maquinaria de la administración de un país es exagerada y quizás muchas de sus partes no hacen falta o no funcionan adecuadamente, es posible que todos esos gastos inútiles van llevando al país a un precipicio, sin embargo en las condiciones actuales incluso para un nuevo gobernante recién elegido sería casi imposible tener éxito haciendo tal cambio porque toda la población estaría en contra de él, unos pensando que podrían quedar sin empleo mas la gente de la oposición perdedora y aquellos que no estén de acuerdo con el cambio.

Yo no dije que es algo fácil, pero estoy viendo que tú estas encontrando razonable mi proposición, dijo Lucas sonriendo.

Razonable e incluso conveniente si, aceptó Enrique, pero factible en las condiciones actuales, no.

Creo que por hoy es hora de terminar los comentarios, sugirió Juan, es realmente tarde.

Todos se levantaron y comenzaron a salir, afuera en la cubierta se despidieron hasta el día siguiente.

* * *

## Quinta noche – La familia

Al día siguiente después del almuerzo, Enrique se encontró con Juan.

¡Hola Enrique! ¿Que haces?

Hola Juan, nada matando el tiempo, acabo de terminar de comer.

¿Te apetece tomar un café?

Seguro, contestó Enrique, y juntos caminaron hasta la cafetería más próxima.

Dos expresos, dijo Enrique al llegar el camarero, traiga también un coñac para mi, dijo Juan, ¿Quieres uno? Le preguntó a Enrique, Enrique asintió y el camarero dijo: ¡dos! Y se fue con la orden.

¿Estás contento de haber tomado este crucero? Preguntó Juan.

Si, pero te lo debo a ti y a tus amigos, las reuniones en la noche son interesantes y tus amigos estupendos.

Hacemos de estos viajes un paréntesis, muy relajante, en nuestras vidas diarias, dijo Juan.

Continuaron hablando de varias cosas y después se despidieron hasta la noche.

En la noche se reunieron para cenar todos menos Lucas que no vino. Más tarde en el bar apenas diez minutos después de que llegaran apareció Lucas.

¡Hola! Creíamos que habías desertado, dijo Juan.

No, fue por una buena causa, he conocido a una bella y encantadora mujer, contestó Lucas.

Seguro que lo es, dijo Juan, ¿No la habías visto antes de hoy?

Si, pero no sabía que estaba sola, hoy fue una verdadera coincidencia, ella estaba hablando con otra mujer que yo conozco.

Ya veo que conoces bastantes mujeres, dijo Colin.

Bien, dijo Juan, hoy es el turno de Antonio.

O el tuyo, dijo Antonio.

Ya sabes que yo soy el último.

Está bien, dijo Antonio, yo propongo hablar sobre la familia.

¿Qué familia? Preguntó Nicolás.

Ninguna, me refiero a la familia en general, lo que representa en nuestras vidas y su transcendencia en la vida de las personas, individualmente o en comunidad.

Por mi está bien, dijo Colin, los demás también lo aprobaron y Juan invitó a Antonio a empezar.

La familia es para mucha gente la cosa mas importante de este mundo; otros no le prestan atención a la familia o la usan en su propio provecho, y finalmente muchos otros, especialmente aquellos que le dan la supremacía al Estado, consideran que no debe existir, que es un elemento perturbador.

Antes de continuar con mi exposición, me gustaría oír la opinión de cada uno de ustedes sobre si la institución de la familia debe existir o no.

Enrique comenzó de esta manera: para mi la familia, me refiero, por supuesto, a una familia bien estructurada y unida, es algo muy importante en la vida de la gente; una persona recibe amor desde que nace, verdadero amor y este afecto influye en posterior desarrollo de la persona, el bebé y mas tarde el niño siente ese afecto como algo tierno que le da a él o a ella la sensación de estar protegidos, los padres son como la cueva donde el niño se siente a salvo.

Los seres humanos no están concebidos para estar solos, necesitan la compañía de otros seres y ellos suponen que los miembros de la familia son gente en quien pueden confiar. Yo se que en muchas familias ocurren cosas terribles, pero yo considero que esas son las excepciones que siempre existen en todo.

Nicolás tomó la palabra moviendo la cabeza como si no estuviera de acuerdo con el comentario de Enrique.

Su exposición es muy dulce, dijo, pero no real, ¿es que no oye las noticias diarias procedentes de todos los países? Esta concepción tiernamente angélica que usted tiene, por supuesto existe, pero ¿en cuantas familias?

Yo no tengo información sobre que porcentaje de familias son como usted las describe y cual el de esas otras capaces de maltratar a un recién nacido simplemente porque llora, o el de esas madres que abandonan al recién nacido en un contenedor de basura o si lo prefiere la situación de esas instituciones para albergar menores en muchas de las cuales los menores son maltratados, desnutridos y abusados en todos los sentidos.

Usted se está yendo a los extremos, dijo Enrique.

No, estas situaciones van mano a mano con las que usted ha descrito. En mi opinión es muy importante observar la realidad de cada día, es muy interesante porque muestra como van cambiando las cosas con el tiempo, para que tenga una idea compare nuestra vida diaria con la que tenía la gente hace cien años, todo es diferente, las costumbres, las modas, el comportamiento de la gente e incluso el contenido de la ley.

Espero que usted incluya lo que he dicho en su concepción sobre la familia, porque es absolutamente cierto como puede verificar si lo desea.

Antonio dijo: ustedes dos han presentado aspectos opuestos de una misma cosa y esto es muy útil. Durante nuestro paso por la vida vemos toda clase de situaciones y nos formamos una opinión sobre ellas de acuerdo con lo que hemos visto, pero sin duda las cosas no son siempre iguales y en consecuencia nuestra opinión no es una opinión válida.

Si tenemos interés en conocer la verdadera naturaleza de las cosas, es necesario investigar para verlas en todas sus posibles facetas, solo así podremos tener una opinión sólida y justa.

Esto es acerca de lo que ustedes dos han dicho; ahora intentaré dar mi propia opinión sobre la familia.

Me temo que yo no puedo compartir completamente ninguna de sus opiniones porque ambas pueden ser pero no siempre. Entonces necesitamos buscar una forma diferente de enfocar la institución.

Por supuesto, a través del tiempo fueron expuestas varias teorías sobre el matrimonio que por muchos años fue la semilla de la familia bajo el dominio de la religión, es decir, el acto que originó la familia.

Así, desde el punto de vista mas apegado a la religión, el matrimonio fue considerado como una institución y la fuente original de la familia. Tal institución fue creada bajo una ceremonia religiosa, sin la cual aun llegando a un mismo resultado; en otros tiempos sin ella, se estaría en una situación inmoral e incluso ilegal.

Otra teoría aparte de la religión consideró al matrimonio como un contrato, que se originaba con el registro de la voluntad de ambas partes en contraer matrimonio ante las autoridades civiles. El fruto de este contrato es la familia para la cual la ley establece la mayoría de sus posibles consecuencias.

¿Cual es la teoría correcta? Depende de cada uno, sin duda, la parte legal es inevitable y gobierna ambos casos, de cualquier forma la parte religiosa está sometida a la civil y usualmente ambas ceremonias son celebradas, primero la civil y luego la religiosa, ¿Qué pasa si falta esta? Aparentemente nada, no habrá aprobación de Dios, pero si legalmente no hay impedimento, ¿Por qué se habría de oponer Dios? Además ¿Qué Dios? Porque cada religión tiene el suyo. A este respecto cada uno puede pensar de acuerdo con su formación.

Bien Antonio, interrumpió Juan, tu exposición es ilustrativa, pero no nos has dado tu opinión personal sobre la familia.

Bueno, dijo Antonio, si funciona como debe ser, es decir, respetando la ley y la moral, es buena y merece existir, si en una mayoría de casos no es así, debe ser abolida.

Es mi turno, dijo Colin, Yo entiendo que siempre hay gente que analiza y estudia toda clase de cosas, y entre ellas también la familia, la gente común, me refiero a aquellos que no se detienen en tales análisis, ven a la familia como algo natural que parece que debe existir como el aire que respiramos. Por supuesto, algún miembro de la familia puede estar molesto por alguna razón y estar enojado con uno o más de los otros miembros, pero usualmente esta indignación no es contra la familia sino contra aquellos miembros con quienes tiene un problema.

Esta clase de situación ocurre cada día en muchas familias alrededor del mundo y es natural porque si tenemos en cuenta la diversa naturaleza humana, es inevitable la fricción entre las personas.

En mi opinión un importante factor es la forma como la familia está organizada en cada país e incluso en cada comunidad de personas. Es cierto que en un país la ley regula como deben hacerse las cosas, pero también es verdad que en algunas áreas específicas del mundo e incluso de un país, existen costumbres ancestrales que son aceptadas y respetadas por la comunidad que no desea deshacerse de ellas incluso aun estando contra la ley.

Tenemos ejemplos de esto, a veces terribles, entre los seguidores del Islam, India y otras comunidades.

¿Crees que la institución de la familia debe seguir existiendo? Preguntó Juan.

Absolutamente, contestó Colin, con todos sus fallos yo creo que su existencia es positiva para el mundo.

Lucas, déjanos saber ahora tu opinión, dijo Juan.

Si, comenzó Lucas; lo malo en ser uno de los últimos en hablar es que ya se ha dicho casi todo.

Se estuvo hablando aquí de la familia en varios de sus aspectos, yo creo que falta uno, que es el cambio que ha sufrido la familia en los últimos... yo diría cincuenta años.

Desde la mitad del pasado Siglo XX se estuvo produciendo una transformación en el mundo que en la década de los setenta comenzó a acelerarse, produciendo un cambio general en el mundo caracterizado por varios aspectos específicos aunque no exactamente iguales en cada país: libertad personal que modificó el comportamiento de la gente; suavización de las leyes y de las sentencias judiciales; exaltación de los derechos humanos incluyendo los de los criminales al ser capturados; confort para los criminales en prisión y un límite para la permanencia en la cárcel, sin importar cual haya sido la sentencia; deterioro de la familia producido por los divorcios y falta de respeto hacia los mayores en la familia y hacia los profesores en los colegios.

La familia de hoy día no tiene nada que ver con la familia de setenta y cinco años atrás por la falta general de autoridad de los padres y maestros; la enorme cantidad de divorcios; la influencia de la televisión, Internet, redes sociales y diferentes accesorios electrónicos sobre la gente; la persuasión desde la niñez de que la gente puede hacer lo que quiera porque es libre y finalmente la eliminación de los prejuicios morales sociales, ha afectado a la familia hasta el punto de reducir sustancialmente el número de matrimonios.

En otro tiempo, si un hombre se enamoraba de una mujer, obligado por los convencionalismos sociales no tenía otra opción que casarse con ella y levantar una familia, esto significa que el hombre tenía que tener un empleo de cualquier clase para alimentar a la familia incluido él.

Hoy, un hombre no necesita casarse para vivir con una mujer y tener una familia, una familia de hecho que en la mayoría de los países está protegida por la ley dándole derechos a la mujer en tal situación.

Muchos de los jóvenes que están viviendo con sus padres continúan viviendo allí por largo tiempo y no sienten la presión de encontrar un trabajo o el compromiso de tener que mantener a una familia, su pareja posiblemente trabaja y si tienen hijos es común que les endosen su cuidado a algunos de los abuelos.

Así, ante esa nueva realidad no se lo que puede considerarse propiamente cierto, si decir que la familia como ha sido conocida siempre está en decadencia o que estamos ante un nuevo concepto de familia.

Has hecho una observación muy interesante. Dijo Juan, ahora es mi turno y voy a pensar que es lo que falta por decir.

Efectivamente, la vida ha cambiado tanto que no es solo materia de comportamiento personal, la aceptación del nuevo modo de ver las cosas puede ser observado también en las sentencias judiciales, recuerdo que comenzando este Siglo XXI me encontraba en Europa y atrajo poderosamente mi atención la sentencia de un juez que fue comentada en un programa de televisión en donde estaban entrevistando a la persona condenada en el juicio, lo que muestra por de pronto la extrañeza que causó.

Para resumir, diré que un hombre de más de cuarenta años que estaba todavía viviendo en el apartamento de su padre persona retirada de reducidos recursos que vivía de una pensión del estado, demandó a su padre en los tribunales porque este se negaba a continuar pagándole sus estudios en la universidad.

El padre había argumentado que estaba pagando los estudios de su hijo en la universidad desde antes que cumpliera los veinte años sin que él estudiara, avanzara o se graduara de algo y no disponía de dinero para seguir pagando algo que venía haciendo inútilmente desde hacía mas de veinte años.

Increíblemente el tribunal falló en contra del anciano condenándole a continuar pagando los eternos estudios de su hijo. El hombre estaba desesperado sin dar crédito a lo sucedido.

No se qué habría que resaltar, ¿la injusta e indigna decisión de un juez o la falta de moral de un parásito vividor capaz de atentar contra su propio padre?

Ese individuo, mantenido por su padre, llevaba una vida fácil pero inútil para la sociedad y para si mismo, sin intención de hacer esfuerzo alguno para buscar un trabajo.

No importa si la gente se casa o no, de cualquier modo quienes sean serios y responsables y deseen formar una familia lo harán. Yo diría que en cierto sentido tal vez esas uniones prescindiendo del matrimonio posiblemente sean más favorables porque ambas partes de la pareja continúan su relación porque así lo desean, no sometidos por un vínculo sino por amor.

Posiblemente esas parejas duren mas que los matrimonios, interrumpió Colin.

Seguro, conozco casos de parejas que estuvieron felices viviendo juntos durante muchos años, con hijos ya mayores que un día se dijeron: ¿Por qué no nos casamos? Y lo hicieron. Tan solo algunos meses más tarde se divorciaban para siempre.

Nicolás comentó: Es increíble, ¿Cuál crees que puede haber sido la causa de eso?

¡Quien sabe! Contestó Juan, posiblemente uno de ellos sintiéndose seguro con el vínculo del matrimonio cambió su forma de ser y el otro no lo aceptó.

¿Alguno de ustedes tiene alguna pregunta sobre la familia? Preguntó Juan.

Enrique levantó la mano y dijo: ¿Cómo definirías la familia?

Voy a tratar de dar la mejor definición que se me ocurra, dijo Juan y continuó: La familia es el resultado de un acuerdo, usualmente inspirado por amor, entre un hombre y una mujer para vivir juntos y procrear hijos en las condiciones establecidas entre ellos.

¿Crees que lo de "procrear hijos es necesario? Preguntó Lucas.

Si, no importa si después los tienen o no, lo importante es la intención inicial. Si ellos se van a vivir juntos sin la intención de tener hijos, no será una familia sino gente compartiendo su vida por un interés específico.

Creo que es bastante por hoy. Los otros estuvieron de acuerdo, pagaron la cuenta y se fueron.

Ya afuera en la cubierta, Juan dijo: Mañana es nuestro último día y es mi turno de hablar. Tengo que pensar que voy a proponer porque en este momento no tengo idea acerca de que. Los veré mañana amigos, y se fue para su camarote.

Todos se fueron yendo mientras que Enrique y Colin se quedaron por un momento apoyados en la baranda de la cubierta mirando la oscuridad de la noche que unida al sonido del mar le daba un aire misterioso.

* * *

## Sexta noche – Las profesiones

Durante el último día en el barco, alguna gente lamentaba el fin del viaje y algunos otros por una u otra razón estaban deseando llegar.

Cuando finalmente se terminó el día, nuestros amigos se reunieron en el bar y tras algunos comentarios superficiales Juan informó cual sería su tópico de conversación: Esta noche voy a hablar sobre las profesiones.

Aquí todos somos profesionales, señaló Nicolás; nuestro tiempo en la universidad se ha terminado, ¿vas a comenzar alguna especialización?

No, contestó Juan, no voy a hablar de las profesiones sino de la gente, sobre la influencia de una profesión en la personalidad.

El grupo no parecía muy entusiasmado, pero lo aprobaron y Juan comenzó.

¿Creen que una persona será diferente de acuerdo con su profesión?

En mi opinión, dijo Antonio, cada uno es como es desde que nace; la profesión es algo accesorio, mas aun, yo diría que la diferente personalidad de la gente en una misma profesión mostrará diferentes clases de profesionales, es decir, que la personalidad individual afecta la forma como la profesión será ejercida, y la gente lo nota.

Déjenme aclarar algo antes de continuar, dijo Juan, tu hablabas hace un momento de la universidad, yo no estoy reduciendo mis comentarios a las profesiones universitarias sino a cualquier otra profesión como podría ser un herrero o un zapatero.

Usted quiere decir, intervino Enrique, que lo importante es lo que haces, no donde aprendiste a hacerlo.

Es correcto, aunque eso es también importante, continuó.

En el ejercicio de cualquier profesión, se necesitan ciertas habilidades que serán diferentes en cada una; necesitarás fuerza física o algún tipo de habilidad en algunas de ellas mientras que en otras lo que necesitarás es capacidad mental. Algunas actividades requieren un proceso mecánico que no necesita un gran esfuerzo mental sino una repetición para aprender como hacerlo, es decir un aprendizaje mecánico basado principalmente en la observación y repetición de la actividad. Cualquier hombre o mujer, independientemente de su capacidad mental será capaz de hacerlo.

A este respecto recuerdo que hace mucho tiempo visité una fábrica de cerámica invitado por uno de sus dueños y vi unas mesas muy largas donde muchas mujeres estaban pintando a mano vajillas, llamó mi atención la perfección de las flores que estaban pintando y le dije a mi amigo: "cuantas mujeres y que bien pintan todas"

Mi amigo se rió y dijo: "ellas no saben pintar nada, simplemente aprendieron a pintar esas flores y las repiten todas las veces que sea necesario" menciono esta experiencia como un ejemplo de aprendizaje mecánico, es decir, que puede ser hecho como un hábito daquírido y no necesita un esfuerzo mental adicional.

Ahora comparen la actividad que acabo de mencionar con la actividad de un filósofo, es justamente lo contrario, su actividad es desarrollada por la mente a través de la razón.

Junto a estos dos ejemplos hay, por supuesto, la actividad intermedia que necesita un trabajo mental y mecánico, como puede ser por ejemplo, el trabajo de alguien ensamblando una máquina sofisticada, tiene una parte mecánica pero también un ajuste adecuado de las piezas.

Ahora quiero enfocar este comentario al efecto de las profesiones en la gente. ¿Creen que una profesión puede afectar e incluso modificar la estructura mental de una persona?

Yo pienso que es posible, dijo Nicolás, un contacto casi permanente en la actividad diaria con algo puede llegar a familiarizar a la gente con algo que de otra manera no ocurriría, supongamos un médico forense y sus ayudantes manipulando cadáveres todo el tiempo acaban viéndolo como algo normal.

Es verdad, confirmó Juan. Me gustaría ahora conocer su opinión sobre la forma en que son ejercidas las profesiones, es usual oír a la gente comentar sobre los profesionales diciendo por ejemplo: Él es un doctor muy bueno o ella es una gran diseñadora de moda, él es uno de los mejores cocineros en el mundo o él es el mejor psicólogo que puedes consultar. ¿Que es lo que hace diferente a la gente dentro de una misma profesión?

Muchas cosas, dijo Enrique, pero yo diría que lo que hace destacar a alguien en una actividad es el grado de inteligencia del individuo unida a su inclinación por ese tipo de actividad.

Bien, dijo Juan, y ¿Qué otras cosas pueden afectar el ejercicio de una profesión?

La actividad profesional estará siempre afectada por la vida privada de la persona. Dijo Lucas.

Es verdad, aparte de la inteligencia de la persona, su experiencia haciendo ese trabajo y la personal predisposición que pueda tener para esa profesión, si su vida íntima es turbulenta y con muchos problemas, su vida profesional, inevitablemente, se verá afectada de alguna manera.

Tengo otra pregunta, ¿puede la profesión cambiar a la persona o es la persona quien puede cambiar a la profesión?

Ambas cosas son posibles, dijo Lucas, en mi opinión personal algo que acostumbras a hacer cada día se convierte en una especie de amigo o compañero, y tú sabes, hay buenas y malas compañías. Si alguien está trabajando por necesidad en algo que no le gusta, irá creando una hostilidad que afectará a la persona cambiando su humor habitual, por el contrario si alguien, a diario, está haciendo algo que le gusta estará feliz y esa felicidad se reflejará en lo que está haciendo y en el humor de la persona.

Sobre la otra posibilidad de que sea la persona quien cambie la profesión; también puede suceder aunque yo pienso que es menos común porque solo ocurrirá con gente interesada en investigar nuevos campos. Esa es la clase de gente que hace avanzar al mundo.

¡Tienes razón! Aceptó Juan. Yo no se si tienen alguna otra pregunta relacionada con las profesiones, yo reconozco que este no es un tema muy controvertido.

Hay algo que yo creo que merece ser comentado, dijo Nicolás, me refiero a las invenciones hechas por los trabajadores que mejoran o cambian totalmente un proceso de fabricación o un equipo de producción mejorándolo espectacularmente.

Hubo casos en la historia donde el inventor era un hombre humilde sin ninguna instrucción o conocimiento técnico, lo que hizo que otros pensaran en como pudo hacerlo. ¿Qué piensas sobre esto?

Juan vaciló un momento y dijo: He oído y leído acerca de muchos de esos casos y otros de invenciones e incluso composiciones musicales que parecen no tener una clara explicación de cómo fueron originadas, mi opinión sobre cuando alguien mejora notablemente un procedimiento de manufactura o desarrolla una nueva máquina mas eficiente para ejecutar un proceso de fabricación, es la que sugiere la razón: es decir, si alguien está haciendo algo cada día durante años, es normal que esté observando y pensando sobre las deficiencias que pueden estar reduciendo la eficiencia del proceso o haciéndolo mas difícil o lento y pueda imaginar una forma mejor o un instrumento mas eficiente para hacerlo.

Cuando la sofisticación del descubrimiento es demasiada y no factible para la persona que lo hizo, el caso tendrá que ser analizado junto con todos los otros casos en los cuales alguien dice que descubrió o concibió algo a través de un sueño. Realmente no tengo nada que decir sobre esto que pueda ser verificable.

Y con esto creo que podemos considerar acabado este encuentro que fue enriquecido con un nuevo miembro, nuestro nuevo amigo Enrique Robsson.

Esta madrugada estaremos de regreso en Puerto Rico y cada uno tendrá que volver a sus actividades diarias. Buenas noches a todos y gracias por compartir estos días de feliz descanso.

Después de un abrazo de despedida los amigos se fueron a dormir a sus camarotes.

# Trágico desenlace

# Trágico desenlace

En la compañía de electricidad uno de los trabajadores llevaba dos días sin presentarse al trabajo, le llamaron a su casa en donde vivía solo y nadie contestó. Sus compañeros decidieron acercarse a su casa pero nadie respondió a sus llamadas, preguntaron a sus vecinos y dijeron no haberle visto desde hacía dos o tres días.

Temiendo lo peor llamaron a la policía que acudió, localizaron al dueño de la casa en que vivía el trabajador quien abrió la puerta pero dentro no había señales del trabajador ni de ninguna clase de violencia, entonces pensaron que por alguna razón se habría ido, aunque les pareció extraño que no hubiera avisado a nadie.

El trabajador fue dado provisionalmente de baja en la compañía de electricidad y se dio el asunto por terminado.

Pocos días después una cuadrilla de la compañía de electricidad se dirigió a una de las mejores urbanizaciones de la ciudad a inspeccionar los equipos allí instalados; después de la reciente terrible tormenta tropical con vientos huracanados, ya se habían hecho las reparaciones necesarias y ahora iban a ver si todo estaba estable.

La cuadrilla pasó la cabina de vigilancia a la entrada de la urbanización y se dirigió a un pequeño espacio de unos diez metros cuadrados en una de las calles, en donde estaban sus equipos.

En ese trayecto comenzó a llover y al llegar colocaron una carpa portátil que llevaban siempre al efecto sobre las aberturas de inspección para protegerlas de la lluvia, cogieron los instrumentos necesarios y uno de los empleados procedió a abrir una de las dos tapas metálicas mientras el otro abría la otra, el otro miembro de la cuadrilla que estaba en el vehículo protegiéndose de la lluvia, oyó un grito de uno de los trabajadores y salió del camión al instante yendo hacia sus compañeros, vio como ambos miraban con horror hacia el interior de una de las compuertas que habían abierto y al llegar a ellas y ver hacia abajo le impactó la escena, en el piso bajo una de las compuertas estaba el cuerpo muerto de su compañero desaparecido algo desfigurado tal vez por su esfuerzo tratando de salir y desprendiendo ya un desagradable olor.

*   *   *

Después del procedimiento usual establecido para el levantamiento de un cadáver en una calle comenzó la investigación en la compañía de electricidad. ¿Por que y como había quedado aquel empleado sepultado en el reducido interior de aquella compuerta de servicio?

Las cuadrillas llevaban siempre un mínimo de tres trabajadores, así que tenía que haber una explicación.

Llamaron a los trabajadores de las dos cuadrillas que habían procedido a la reparación de los daños en esa urbanización después de la tormenta y sus versiones de los hechos eran coincidentes y normales. Este es el informe suministrado por uno de ellos corroborado por los demás.

"Después de dos días de trabajo y la sustitución de varios elementos, la corriente quedó restaurada en la zona en cuestión y comenzamos por un lado a recoger el material y por el otro a hacer las últimas verificaciones sobre el ajuste adecuado de los nuevos elementos instalados, Alberto (el obrero desaparecido y hallado muerto) se estaba ocupando de hacer las verificaciones, una de las cuadrillas se fue y Alberto le dijo a sus compañeros de la otra que iba a reunirse con unos amigos allí cerca y que podían irse también ellos, que el cerraba, y así lo hicieron".

Llevada a cabo también una averiguación en la urbanización, se trató de hablar primero con los vigilantes que estaban esos días, lo cual fue algo complejo porque los cambiaban casi a diario, ya localizados a través de la empresa de seguridad y vigilancia, los del primer día no tenían noticia de nada pero los del día de terminación del trabajo si tenían constancia de haber cerrado las compuertas que habían quedado abiertas y de haber llamado a la compañía de electricidad notificándoselo.

¿Por qué no se había hecho nada al respecto? Cada uno tenía una versión que lo justificaba, el vigilante que cerrara las tapas metálicas visiblemente preocupado mostraba lo inocente de su actuación y se refirió a una vecina que le había avisado que estaba a punto de llover y las compuertas estaban abiertas y a un vecino que le dijo que cerrara las compuertas para evitar que entrara agua, hizo notar también que había verificado si había alguien en el interior y parecía no haber nadie, de lo cual era testigo el vecino mencionado.

Sobre este punto se encontró una justificación porque se encontraron en el interior de las compuertas unos auriculares protectores de sonido que posiblemente el trabajador en cuestión tenia puestos y no oyó cuando le llamaban.

Interrogada la vecina que avisara que las compuertas estaban abiertas dijo:

Yo había salido de mi casa un poco para caminar y un poco también para ver como había quedado los alrededores después de la terrible tormenta tropical de dos días antes que según había podido ver en los informes de la televisión había producido inundaciones, derribado árboles y causado daños en muchas casas y en las embarcaciones del puerto.

Lo primero que vi fueron montones de hojas, ramas y árboles grandes arrancados de raíz, las casas parecían estar bien, todas tenían contraventanas protectoras de uno u otro tipo y en mi opinión la mayor molestia que habían padecido era la de la falta de luz por la carencia del aire acondicionado y del refrigerador, sin contar que en la noche había que estar usando linternas o candiles; después de la tormenta algunas casas estaban usando una planta eléctrica que no podía estar dentro de la vivienda, que consumía el combustible y era necesario seguir agregándole, además, salvo en instalaciones bien preparadas con plantas de suficiente potencia, la energía obtenida era solo una ayuda parcial, generalmente para las luces y el refrigerador.

Seguí caminando por el interior de la urbanización, continuó la vecina, viendo todos los desastres que efectivamente se reducían a algunos árboles arrancados o resquebrajados que ya la empresa encargada del mantenimiento de jardines había procedido a amontonar a los lados dejando libres las calles.

Al pasar por una de las calles vi un pequeño espacio con unas instalaciones que ya había visto anteriormente, pero me llamó la atención que había dos trampillas o tapas metálicas que suponía daban acceso a algunos equipos bajo el suelo y ambas estaban completamente abiertas, sin embargo no había ningún camión delante que indicase que estaban trabajando.

Deduje que posiblemente habían estado reparando algo allí con motivo del temporal y se habían ido sin percatarse que habían dejado las tapas abiertas, en aquel momento pensé que el problema era que la apariencia del tiempo vaticinaba lluvia y si aquellas instalaciones eran de la electricidad posiblemente podría producirse algún daño y quedaríamos sin luz de nuevo, lo cual sería muy molesto.

Seguí caminando con el recuerdo de aquellas compuertas abiertas cuando vi venir la camioneta de vigilancia de la urbanización que la recorre día y noche para mantener la seguridad, levanté una mano para que viera que deseaba hablarle, la camioneta se detuvo y me acerqué a la ventanilla y después de saludar al conductor le manifesté mi preocupación y le dije la calle en la que estaba la instalación.

El vigilante me dio las gracias, dijo que se ocuparía de verificar el problema y continuó su marcha. Yo también continué mi camino y me fui a casa.

El vigilante en su declaración ratificó lo que había dicho la vecina y como conocía perfectamente bien las calles de la urbanización, y recordaba visualmente la instalación a la que había aludido aquella vecina, dijo, me dirigí hacia allí. Al llegar vi, como me había indicado aquella vecina, las dos compuertas abiertas, detuve la camioneta y me bajé para examinar el asunto, el tiempo tenía todo el aspecto de que iba a llover bastante y dudé por un momento sin saber que hacer, si se producía algún daño iba a ser mi responsabilidad porque la vecina diría que me había avisado.

Recuerdo que mientras dudaba tuve pensamientos nada agradables para los trabajadores de la empresa de electricidad por su negligencia al dejar abiertas las compuertas de sus instalaciones. En eso se me acercó otro vecino que me saludó.

¿Algún problema? Me preguntó el vecino amablemente.

No, le dije, es que me avisaron que los de la electricidad se dejaron estas puertas abiertas y como parece que va a llover...

Si hombre, dijo el vecino, nos tuvieron sin electricidad varios días, lo que falta es que se produzca otro daño y nos quedemos de nuevo sin energía.

No se preocupe, le dije, eso lo resolvemos ahora mismo, me acerqué a una de las trampillas, miré hacia abajo, no vi nada y grite al menos tres veces: ¿hay alguien ahí? Pero no hubo respuesta, entonces bajé la compuerta y giré el cierre, después me dirigí a la otra e hice lo mismo.

Solucionado, le dije al vecino.

Gracias, me dijo, cuando falta la electricidad no se puede hacer nada en casa.

Claro, que tenga un buen día, le dije, voy a continuar mi ronda.

Adiós.

Cuando llegué a la caseta de vigilancia a la entrada de la urbanización, consigné el parte indicando que no había novedad salvo que había tenido que cerrar, por indicación de un vecino, unas trampillas de la compañía de electricidad que sus operarios habían dejado abiertas y amenazaba lluvia.

Recuerdo también que el encargado de seguridad al leer el parte dijo: nadie se preocupa de nada, de todos modos voy a llamar a la compañía de electricidad para informarles y para que se den cuenta de cómo trabajan.

Levantó el teléfono, se comunicó con la compañía de electricidad y les informó de lo ocurrido.

¿Que te dijeron? Le pregunté.

Nada, que gracias.

Y el asunto se dio por terminado.

La vida está llena de extraños sucesos como este, lo que nos lleva a pensar si somos nosotros quienes originamos los acontecimientos de nuestra vida o si son promovidos desde otro nivel.

* * *

# Lo bueno y lo malo
# de ser como eres

En un hospital
En el tráfico
En un pueblo pequeño
En una fiesta
En una circunstancia incomoda
En una degustación de licor
En un paseo en bicicleta
En una relación amorosa

## En un hospital

El área de emergencia estaba casi congestionada, los médicos de guardia trataban de atender a los pacientes lo más pronto posible para descongestionar la sala de espera.

En la computadora interior se podía ver una larga lista de pacientes recibidos en la admisión externa con indicación de la dolencia expuesta por ellos. La mayoría no eran casos graves ya que estos eran atendidos de inmediato por especialistas y cirujanos, sin embargo podía haber de todo y los médicos de guardia debían estar atentos pues las consecuencias de una omisión o falta de atención a algo que parecía no ser grave podía involucrar la responsabilidad del hospital y tener también graves consecuencias para el médico.

El Dr. Gerardo Roll después de atender a un paciente, se dirigió al consultorio contiguo y recogió antes de entrar el historial del paciente en el soporte que había al lado de la puerta. Al entrar al consultorio vio a un joven de veintiséis años, según decía el historial, con un corte en su mano izquierda.

Hola! Soy el Dr. Roll, a ver, ¿que pasó?

Estaba cortando un pedazo de carne, se me fue el cuchillo y me corté la mano.

Gerardo cogió la mano del joven y vio efectivamente un corte que atravesaba transversalmente todos los dedos menos el pulgar. La enfermera enseguida trajo desinfectante, gasa, y adhesivo. Gerardo lavó los cortes con agua oxigenada, les aplicó desinfectante y mientras los iba vendando dijo:

Esto podía haberlo hecho usted mismo en casa, siempre hay en casa agua oxigenada, algún desinfectante y curitas, ¿o no?

Si, dijo el paciente sintiéndose un poco regañado, pero para hacerlo uno mismo es un poco incómodo.

Hombre, le podía haber ayudado alguien.

Es que estaba solo!

Bueno, pues es mejor estar acompañado porque si va un día de excursión y se pincha un dedo imagínese que problema.

Lo tendré en cuenta doctor.

¡Es mejor! no ve como está de congestionada siempre la urgencia.

Si ya veo, tuve que esperar bastante.

Bueno pues ya está.

Gracias doctor.

No es nada, para eso estamos.

Y el paciente se fue.

* * *

Gerardo atendió cinco pacientes mas, se fue al consultorio contiguo, recogió el historial y miró directamente a la dolencia del paciente como hacía siempre para ver de que se trataba.

Vaya, otro cortecito se dijo.

Entró al consultorio y vio a una joven sumamente atractiva. Veintitrés años decía el historial y vio que se llamaba Claudia.

Hola Claudia, soy el Dr. Roll ¿Qué es lo que te ha pasado?

Pues ya ve, estaba cortando un pedazo de queso, se desvió el cuchillo y me corté.
A ver, a ver, dijo Gerardo tomando entre las suyas la mano herida de la paciente. Tenía un corte superficial con trayectoria desde la

unión entre trapecio y trapezoide de la mano izquierda siguiendo entre los metacarpianos de pulgar e índice.

La enfermera le suministró lo necesario y Gerardo fue curando la herida mientras le decía a la paciente: hizo muy bien en venir, estos cortes nunca se sabe si pueden ser peligrosos.

¿Por qué doctor?

Puede haber complicaciones, una infección cualquiera, tétanos, mil cosas, por eso es mejor venir que aquí estamos para atenderla.

Es usted muy amable doctor.

No, solo hago mi trabajo. Pues ya está, como nueva, si siente alguna molestia venga enseguida.

Gracias de nuevo doctor.

Adiós Claudia.

*Aquí se muestra lo bueno de ser mujer y atractiva.*

* * *

# En el tráfico

El policía de tráfico estaba pendiente de su radar portátil observando los vehículos que se iban acercando. Cuarenta kilómetros más de lo permitido. El vehículo era una furgoneta de reparto que se detuvo en el arcén a indicación del agente.

El agente saludo al conductor. Buenas tardes.

Buenas tardes, contestó el conductor un poco inquieto, ¿He hecho algo mal?

Sobrepasaba en cuarenta kilómetros la velocidad permitida.

No me di cuenta, es que tengo un reparto urgente pero no pensé que iba tan rápido.

¿No ve usted el tacómetro mientras conduce? Dijo el agente mientras iba rellenando el formulario de una multa.

Si, pero no todo el tiempo, porque tengo que ver la carretera.

Ya, El agente sacó un verificador de consumo de alcohol, le dio una boquilla en su estuche al conductor y le dijo: sople fuerte.

Yo estoy trabajando, no he bebido nada.

Sople, repitió el agente.

El conductor sopló y le devolvió aparato al agente.

Quédese con la boquilla dijo este al recoger el medidor. Miró el resultado y dijo:

Está bien, le pondré solo la multa por exceso de velocidad.

Pero ¿es necesario agente? No era tanto, soy un trabajador...argumentó mientras recogía la multa que le tendía el agente.

El agente saludó llevando su mano al casco y dijo con un tono que no admitía réplica: Siga.

El conductor siguió camino con su multa.

*   *   *

El mismo agente de policía, esperando que transcurriera el tiempo que le habían indicado que debía estar allí, vio a lo lejos un vehiculo que parecía venir muy rápido, aplicó su radar y vio que el vehículo doblaba la velocidad permitida.

Le hizo indicación de detenerse pero el vehículo siguió como si no le hubiera visto.

De inmediato el agente subió a su moto que tenía al lado y haciendo funcionar su sirena partió veloz en persecución del otro vehículo un BMW grande de color negro.

El BMW le había sacado un poco de ventaja y el agente tuvo que aplicarse a fondo para alcanzarlo, por fin lo vio a lo lejos, recordaba que la placa terminaba en 2713 y un momento mas tarde estaba detrás de él, le ordenó por el megáfono detenerse al borde mientras las luces de la moto oscilaban agresivas.

Por fin, el auto se detuvo, el agente tomó buena nota de la placa, bajo y se acercó al conductor. Vio que en el asiento trasero iba otro individuo leyendo un diario.

El agente sacó su talonario de multas y le dijo al conductor: Exceso de velocidad, doble de la permitida; desacato a las órdenes de la autoridad; intento de darse a la fuga; sometido tras persecución policial.

Yo solo soy el chofer, tengo instrucciones de llegar a mi destino antes de las ocho, yo solo sigo órdenes. En cuanto a lo de darse a la fuga yo no vi que nadie me estuviera ordenando detenerme, sino me hubiera detenido como lo hice ahora.

El agente con la adrenalina en ebullición se dirigió al individuo que leía el periódico en el asiento trasero: ¿usted da esas instrucciones a su empleado?

El individuo bajó el periódico y dijo sonriente y amable: Yo no soy quien doy las instrucciones. Pero me temo que usted será el responsable de que no lleguemos a tiempo a la reunión con el Presidente de la República, el envió a buscarme y yo voy aquí esperando llegar.

Cuando el individuo bajó el diario, el agente reconoció a uno de los ministros a quien había visto varias veces en televisión. Que mala suerte la mía pensó, y dijo:

Estoy cumpliendo con mi deber, en casos de urgencia como ese es aconsejable solicitar un motorizado que le acompañe para evitar incidentes. ¿Van a la residencia presidencial?

Transmitiré su sugerencia. Sí, vamos a la residencia del Presidente.

Síganme, trataré de que lleguen a tiempo y perdonen la molestia.

Nada agente, está bien.

El policía se subió a su moto y partió veloz haciendo funcionar su sirena hacia la residencia presidencial seguido por el auto que había detenido.

*Este relato muestra lo bueno de ser importante.*

* * *

## En un pueblo pequeño

El alcalde del pequeño pueblo de Fuente Seca estaba leyendo el diario en su despacho cuando entró el secretario.

Señor Alcalde afuera está el mañas que desea verlo.

Ese viene a plantear problemas, dile que estoy ocupado, que se vaya.

Señor Alcalde, yo no se como decírselo porque ya ha venido seis veces y ya está muy cabreado.

Pues que se joda, vete y díselo que para eso te pago.

Está bien señor Alcalde, voy a decírselo. Y el secretario salió del despacho del Alcalde.

Afuera esperaba el mañas que era en realidad Sinforoso Pérez, un vecino que plantaba Melones en la finca anexa a su casa.

El Alcalde está ocupado y no te puede atender ahora.

¿Le dijiste que ya vine seis veces?

No pude porque está en una reunión.

Entonces ¿Qué hago?

No se, ven otro día.

Es que si no me da el permiso para que me manden agua voy a perder la cosecha.

El asistente del Alcalde se encogió de hombros.

El mañas se fue desconsolado y furioso. ¡Tenía que hacer algo!

Pero no había nada que pudiera hacer porque el Alcalde hacía lo que le daba la gana sin importarle lo que dijeran los vecinos.

*Este relato muestra aparte de otras cosas lo malo de los funcionarios que no respetan la ley.*

* * *

## En una fiesta

Plena estación veraniega en la terraza del mejor hotel de la localidad, turistas y gente de la ciudad disfrutan de un cálido atardecer en la terraza del hotel al lado de la playa amenizado por una orquesta.

Jaime se había levantado de la mesa que ocupaba con otros dos amigos para invitar a bailar a una joven muy atractiva que acompañada de otras tres amigas estaba en una mesa cercana.

¿Puedo invitarla a bailar? Preguntó Jaime con la mejor de sus sonrisas.

Tal vez mas tarde, ahora estoy un poco cansada, contestó cortésmente Lucy, que así se llamaba la joven.

Entonces me permitiré molestarla más tarde, gracias, me llamo Jaime, dijo presentándose mientras le extendía la mano que ella estrechó suavemente diciendo, yo soy Lucy.

Jaime regresó a su mesa y se sentó.

¿Qué te dijo? preguntó Pedro uno de sus amigos. ¡Que no! adelantó Julio el tercero de ellos.

Me dijo que mas tarde, aclaró Jaime como si hablara de otra cosa por si era observado por las de la mesa de ella.

Mira dijo Julio, se le está acercando otro moscón, un tipo mayor.

Los tres miraron disimulando y vieron como el nuevo pretendiente se iba sin lograr bailar con ella.

¡Que horror! Dijo Lucy, podría ser mi padre o mi tío.

¿No sabes quien es? Le preguntó Marta, una de sus acompañantes.

No, contestó Lucy, ¿Quién es?

Mujer, si sale en la prensa y en la tele, es un productor de cine muy famoso y debe de ser riquísimo, a mi me parece muy interesante.

Vaya, pues ni me fijé, contestó Lucy.

Imagínate si te mete en una de sus películas, ¡un sueño!

Pero parece muy mayor, argumentó Lucy.

Es muy elegante e imagínate la experiencia que debe tener.

Un camarero se acercó a la mesa en que estaba Lucy y sus amigas, puso encima una botella de Champán en un cubo con hielo, unas copas y dijo dirigiéndose a Lucy, es un obsequio de aquel señor para usted y sus acompañantes.

Desde su mesa Jaime y sus amigos vieron servir el champán en la mesa de Lucy y Julio dijo, me parece que esa chica te va a salir cara, claro, si logras interesarla.

Un momento después Jaime dijo: voy a invitarla de nuevo, se levantó y se dirigió a la mesa de Lucy coincidiendo con el individuo de antes que también se estaba aproximando a la mesa a la que llegaron al mismo tiempo, pero Jaime se apuró a invitarla primero a bailar.

Lo siento, pero ya tengo un compromiso con este señor, dijo Lucy al tiempo que se levantaba y se iba hacia la pista de baile con el productor.

*Esto es lo bueno de ser rico y famoso.*

* * *

**En una circunstancia incómoda**

El café aquella noche de invierno estaba atestado de gente disfrutando en las diversas mesas de licores, bebidas mas suaves, café o chocolate y del cálido ambiente de infinidad de conversaciones que originaban un gran murmullo ininteligible, los percheros en las paredes estaban llenos de diversas prendas de abrigo y los cristales de las ventanas estaban empañados por la condensación que producía el calor interior con el frío de afuera.

En una de aquellas mesas estaban conversando Alfredo y Mario con sendas copas de coñac frente a cada uno.

Ya es un poco tarde, dijo Mario mirando su reloj.

Espérate dijo Alfredo, ¿que prisa tienes? Hoy tengo tiempo, Cristina está cuidando a una amiga que está enferma y llegará tarde porque tiene que esperar a que llegue otra amiga que se quedará con ella.

Es que tengo una cita y no puedo llegar tarde.

¡Que buena la vida del soltero! Dijo Alfredo, no tienes que estar dando explicaciones a nadie.

Es cierto, pero a veces me siento un poco solo, especialmente cuando llego tarde a mi casa y encuentro todo tan ordenado y solitario.

Tienes razón, yo estoy feliz de haber encontrado a Cristina, aunque no creas, el matrimonio tiene también sus cosas.

Como todo en la vida, dijo Mario. Bueno, te dejo que voy a llegar tarde y aun tengo que comprar una botella de vino en el camino.

Adiós, que lo pases bien.

Mario vio al salir una tienda en donde pudo comprar su botella de vino y ya con ella siguió para su cita en uno de los barrios más elegantes de la ciudad. En realidad no era una cita con una mujer, sino que había sido invitado a cenar por un matrimonio amigo suyo con quienes pasó una velada muy agradable que se prolongó hasta casi media noche.

Cuando se despidió, su amigo le acompañó a la puerta y ya fuera mientras se despedían, se abrió una puerta un poco mas allá en el pasillo y salió una mujer en dirección al ascensor. Era Cristina, la mujer de Alfredo, la pudo ver bien y ella que también le vio a él se dio cuenta de que la había visto y apuró el paso hacia el ascensor que para fortuna de ella llegó de inmediato y se fue.

Su amigo que le estaba despidiendo al ver como prestaba atención a aquella señora, le dijo: es muy atractiva, ya la he visto otras veces venir a la casa del vecino, es un tipo soltero y se la pasa bomba.

De camino a su casa Mario no podía borrar de su mente la imagen de Cristina y lo que más le incomodaba era que tenía que encontrarse dentro de dos días con Alfredo y Cristina en el cumpleaños de un amigo común a donde no podía dejar de ir y por supuesto Alfredo tampoco no iba a dejar de estar.

*    *    *

La fiesta de cumpleaños estaba muy divertida, cuando Mario llegó ya estaban casi todos los invitados, después de felicitar a su amigo y hacerle el consabido obsequio, se movió entre los invitados tratando en lo posible de esquivar a Alfredo y Cristina a quienes aun no había visto, pero enseguida vio que le llamaban, se volvió y era Alfredo.

Mario ven, aquí te tengo reservado un sitio.

Mario no tuvo otra opción que acercarse y saludar a los presentes; cuando saludó a Cristina le dio la impresión que enrojecía bajo el maquillaje pero se comportó con toda normalidad.

Quedó sentado al lado de Alfredo y le quedaba de frente Cristina.

¿Cómo te fue en tu cita de antes de ayer? Preguntó Alfredo.

Bien, llegué a tiempo.

Pues cuando te fuiste, me levanté y me fui también para casa, menudo tostón, resulta que la amiga que iba a relevar a Cristina en el cuidado de su amiga tuvo un problema y llegó tarde, total que Cristina llegó a casa pasadas las doce, ¿Qué te parece?

Mientras Alfredo hablaba Mario pudo sentir la angustia de Cristina que acabó dirigiéndole una mirada suplicante.

Son cosas que pasan, dijo Mario, lo importante es el gesto de haber estado ayudando a una amiga.

Tienes razón, dijo Alfredo sonriente apretándole una mano a su mujer en un gesto de cariño.

Cristina respiró profundamente aliviada y le dirigió a Mario una mirada de gratitud.

*Aquí hemos visto lo bueno de tener amigos discretos.*

* * *

**En una degustación de licor**

Pedrito era un niño de cinco años muy interesado en todo lo que le rodeaba y en cada nuevo descubrimiento que hacía; en su casa no había nada que él no supiera donde estaba y esta curiosidad nata que le ayudaba a aprenderlo todo mas pronto que otros también le había ocasionado muchos inconvenientes en reprimendas de sus padres cada vez que encontraban algo que había roto o cuando se entrometía en donde no debía.

Un día vio que había varias personas invitadas en la casa y enseguida se enteró que venían a degustar un licor de naranja que había elaborado su padre, estaban todos reunidos en el comedor conversando mientras comían algunos entremeses.

Junto al comedor, al lado de la cocina había una pequeña habitación que funcionaba como despensa, en donde Pedrito vio que su padre había puesto un botellón muy grande con un embudo de cristal sobre él como los usados en los laboratorios y dentro del embudo un papel con pliegues en él que había echado licor que de vez en cuando reponía del recipiente en el que se había hecho el licor.

Mientras sus padres conversaban con los invitados y elogiaban el licor que iban a probar, Pedrito había entrado varias veces en la despensa y veía como el licor puesto sobre aquel papel pasaba al botellón gota a gota con gran lentitud, al cabo de mas de una hora aunque el botellón era muy grande, la altura del licor filtrado apenas llegaba a un centímetro y medio.

Pedrito que sabía que toda aquella gente estaba esperando por el licor, se sentía impaciente y hasta se angustiaba un poco al ver que su padre no tenía aun el licor para ofrecerles.

Así entró una y otra vez a la despensa y comenzó a razonar sobre el tema, era obvio que si el licor pasaba tan lentamente por aquel papel era porque estaba atascado con los posos del licor, si, definitivamente esa tenía que ser la causa. Pero ¿Qué hacer?

Ni por un momento se le ocurrió pensar que lo que debía hacer era no meterse en las cosas de los mayores, su sentido de la responsabilidad, a pesar de su corta edad, le decía que debía tratar de ayudar a su padre, aunque no sabía como.

Así, entró una y otra vez y la lentitud del goteo le desesperaba, su padre había venido una vez para echar más licor en el papel que seguía cayendo en el botellón con una lentitud exasperarte y había regresado a la reunión.

De pronto a Pedrito se le ocurrió una idea, lo que tenía que hacer era mover un poco el licor en el embudo para que bajase mas rápidamente, dicho y hecho, buscó a su alrededor algo en que subirse y sacó un banco que había debajo de la mesa, se subió en él y esbozó una sonrisa que parecía decir "yo tenía razón" al ver el interior del embudo lleno de posos.

Casi sin pensarlo mas, metió el dedo en el licor y empezó a tratar de revolver los posos cuando oyó un grito tras de él, su dedo tropezó con el papel, un papel de filtro sin cola muy endeble que se rompió de inmediato dejando caer todos los posos al botellón.

Al tiempo sintió como su padre lo levantaba en el aire y lo bajaba del banco mientras le soltaba una tremenda reprimenda y le echaba fuera de allí.

Pedrito no entendía porque le reñían, lo único que estaba haciendo era tratar de ayudar, esa fue tal vez la mayor reprimenda que recibió en su vida, su madre que oyó lo que pasaba vino a consolarlo y a explicarle que su padre estaba tan molesto porque le había arruinado la reunión con sus amigos, quienes tuvieron que esperar a otro día para probar el licor de naranja.

*Esto nos muestra lo malo de meterse en las cosas de los demás.*

* * *

## En un paseo en bicicleta

Eran las seis y media de la mañana y en aquella época del verano ya el sol brillaba levantándose del horizonte, resaltando los varios colores de las bicicletas apoyadas contra un muro mientras sus dueños hablaban esperando a uno que faltaba para iniciar aquella excursión a una cascada de casi veinte metros de altura en el río a unos veintiséis kilómetros de allí.

Alfredo estaba molesto por la espera y dijo: habíamos quedado a las seis y media ¿no? ya les dije que ese Eusebio era mejor que no viniera, se nos va a echar el calor encima.

Debe estar llegando, dijo uno de los presente, ¿Qué mas da unos minutos mas o menos?

No se trata de eso, insistió Alfredo, es que hay que tener formalidad en las cosas, ahora vendrá con cualquier disculpa y contará uno de sus chistes sin gracia ninguna.

No digas eso dijo Margarita, a mi me parece que tiene algunos muy graciosos.

Alfredo no le contestó, se dio la vuelta para mirar hacia la carretera por donde debía venir Eusebio y de pronto lo vio aparecer pedaleando su bicicleta.

Vaya, por fin llega, dijo Alfredo.

Los demás miraron y Margarita dijo: fíjate Alfredo ¡ocho minutos de retraso! no vayas a reclamarle.

No te preocupes dijo Alfredo.
Treinta segundos después Eusebio detenía su bicicleta al lado de ellos diciendo, ¡soy el último! perdón, voy a tener que buscar un despertador como esos de las películas de Walt Disney que te despiertan con un porrazo o con un cubo de agua.

Bueno, dijo Alfredo, que no pasaba a Eusebio, vámonos que vamos a llegar tarde.

Margarita y otra de las presentes le lanzaron una mirada reprobatoria mientras comenzaban a pedalear por un sendero estrecho que llevaba a la cascada.

Todo transcurría bien por aquel camino un poco protegido del sol por las hojas de los árboles cuando oyeron un grito de Eusebio que iba pedaleando el último, los otros seis se detuvieron y miraron hacia atrás.

¿Qué pasa?

Se salió la cadena de la bicicleta, dijo Eusebio.

Los demás dejaron sus bicicletas en el suelo y se acercaron a ver si podían ayudar.

Dale la vuelta a la bicicleta, así es más facil, dijo uno, acercándose y ayudándole a poner la bicicleta apoyada en el suelo sobre el manillar y el sillín.

Alfredo se acercó también y dijo moviendo la cabeza: ¡tenías que ser tú!

No se por que se sale, dijo Eusebio, mientras el que le estaba ayudando había insertado la cadena en el piñón de la rueda y la apoyaba ahora en el de los pedales mientras los iba moviendo y la cadena que quedaba de nuevo en su lugar.

¡Ya está! dijo, ayudándole a poner la bici de nuevo sobre las ruedas.

Cada uno regresó a recoger su bicicleta y siguieron avanzando.

Cuando estaban aproximadamente a medio camino se detuvieron a descansar un poco al lado de un remanso del río que iba siguiendo la trayectoria del sendero.

El sonido del agua en su rápido movimiento resultaba muy relajante y se habían sentado a disfrutarlo.

¿Quieren que les cuente el del náufrago? Dijo Eusebio.

Ya empezó Eusebio con sus chistecitos, dijo Alfredo.

Eusebio que lo oyó dijo: Si no os gusta no os lo cuento.

Mejor, dijo Alfredo.

No, no, cuéntalo dijeron todos los demás mientras Alfredo se dirigía a su bici.

Eusebio lo contó, se rieron y un momento después seguían por aquel camino que a tramos era un poco accidentado, en auto solo podían pasar los de tracción en las cuatro ruedas que además eran mas altos y en las bicicletas tenían que bajarse a veces para pasar un tramo en malas condiciones, pero lo agreste del paisaje hacía que valiera la pena el esfuerzo.

Alfredo iba el primero e incluso cuando todos se bajaban de su bicicleta para pasar un tramo en malas condiciones, él lo pasaba en la bicicleta.

Por fin llegaron a la cascada, apoyaron las bicis cada uno donde pudo, sacaron del hombro las mochilas, una de las mujeres extendió un mantel sobre el césped y cada uno puso sobre él la comida que había traído para compartirla, Eusebio había traído una milanesa para cada uno, una ensaladilla rusa y unas uvas. Para beber tenemos aquí un agua maravillosa, dijo.

Alfredo trajo embutidos, pan y una botella de vino. Todos los demás trajeron también algo y sobró comida.

Después de comer se dejaron caer sobre el césped y algunos se adormilaron mecidos por el ruido de la cascada al caer sobre una espaciosa charca de agua que continuaba después siguiendo el sendero por el que habían venido.

Nadie se preocupaba por el regreso porque en esa época del año anochecía alrededor de las diez de la noche.

La mayoría estaban un poco molestos por la forma en como Alfredo trataba a Eusebio, haciéndole continuos desaires a los que Eusebio no daba importancia, pero que a los demás les desagradaban.

Por fin decidieron ponerse en marcha de regreso, recogieron todo, metieron los restos de comida y envoltorios en las respectivas mochilas y comenzaron a pedalear de vuelta.

Alfredo como cuando vinieran, iba el primero y Eusebio el último.

A medio camino, se detuvieron a descansar un poco y se prepararon para emprender el último tramo para llegar al pequeño pueblo donde vivían.

Iban avanzando ya con ganas de llegar cuando la bicicleta de Alfredo que iba el primero tropezó en una piedra, perdió el equilibrio y se cayó hacia el lado derecho por donde bajaba el río apenas a metro y medio del sendero.

Todos se detuvieron, bajaron de sus bicicletas y vinieron a socorrer a Alfredo, quien apenas se movía con una expresión de intenso dolor en su rostro.

No es nada, dijo uno tratando de animar a Alfredo al tiempo que trató de ayudarle a levantarse. Le cogió por debajo de los brazos para levantarle y al moverle Alfredo dio un grito de dolor al tiempo que todos vieron como salía sangre de su costado derecho.

Al caer se había clavado en el costado una rama que sobresalía del suelo apenas unos doce centímetros y sangraba bastante. Todos se miraron un poco asustados como diciendo ¿Qué hacemos?

Uno de ellos, Luis, dijo: voy al pueblo para que vengan a recogerlo y llevarlo a que lo curen, cuídenlo entre tanto.

Luis salió pedaleando lo mas rápido que pudo y enseguida desapareció de la vista de los demás, Alfredo se quejaba débilmente mientras seguía perdiendo sangre que los demás trataban de taponar de alguna manera.

Cincuenta minutos mas tarde oyeron hacercarse un vehículo de doble tracción del que se bajó el médico del pueblo con Luis y con el máximo cuidado pusieron a Alfredo en la parte de atrás de la camioneta que tuvo que seguir avanzando un poco hasta encontrar un espacio adecuado para dar la vuelta y salió para el pueblo con la bicicleta de Alfredo encima y seguida de todos los demás.

Llegaron al pueblo casi al mismo tiempo porque por aquel camino y con Alfredo herido la camioneta no podía correr más.

Alfredo necesitaba una transfusión de sangre y el primero que se ofreció fue Eusebio, cuyo tipo de sangre vieron que coincidía con el de él.

Alfredo había perdido el conocimiento y después de haberle curado y hecho la transfusión, le habían dejado con suero durante la noche en la clínica del médico.

A la mañana siguiente todos vinieron a verle, la estaca que se le había clavado, no había interesado ningún órgano importante y ya repuesto de la perdida de sangre se iba recuperando.

¿Cómo estas? le preguntó Margarita.

Mejor, dijo Alfredo, no se ni que pasó, sentí que me caía y casi no recuerdo nada mas.

Te caíste, te clavaste una estaca que salía del suelo y perdiste mucha sangre, menos mal que fue ya algo cerca del pueblo. Ahí están todos que vienen a verte.

¿Están todos? Prefiero que no venga Eusebio, seguro que fue él quien me dio mala suerte.

Margarita se sentía furiosa hacia Alfredo y le dijo: No, él no te dio mala suerte, él fue quien te salvó la vida con su sangre.

Alfredo se cayó y avergonzado no dijo nada mas.

*Aquí vemos la importancia de ser justos y ecuánimes con nuestros semejantes y no juzgarlos por una impresión subjetiva superficial.*

* * *

## En una relación amorosa

Marta se sentía feliz, había conocido a su posible media naranja y de la forma más inesperada porque ella nunca entablaba conversación con desconocidos.

Marta se había quedado viuda con solo treinta y un años cuando su esposo murió en un accidente en la carretera, desde entonces no había tenido ni siquiera un pequeño affaire y ya había cumplido treinta y ocho.

Su amiga Olivia cumplía años y la había invitado a su fiesta que se iba a celebrar en el salón de un conocido hotel de la ciudad. Marta llamó a una amiga que sabía que también estaba invitada para proponerle ir juntas y su amiga le dijo que si.

El mismo día de la fiesta en la mañana la mujer de servicio le dijo que su amiga estaba en la entrada.

Marta acudió y viendo a su amiga con un paquete de regalo en la mano le dijo sonriente: pero si es a las cinco de la tarde.

No Marta, le dijo su amiga, necesito que me hagas un favor, llévale mi regalo a Olivia porque han hospitalizado a mi madre y no puedo ir.

Marta se interesó por la madre de su amiga y le dijo que le llevaría su regalo, su amiga se lo agradeció y se fue de nuevo para acompañar a su madre.

Después de despedir a su amiga, Marta se quedó un poco contrariada, precisamente lo que no quería era ir sola, pero ya no tenía remedio, así que después de almorzar se arregló y se fue para la fiesta de Olivia.

No le gustaba ser la primera en llegar pero tampoco le gustaba llegar tarde así que llegó a las cinco y quince minutos y ya había bastante gente, vio a Olivia bastante alborotada, saludando a unos y a otros, tomándose fotos y recibiendo regalos.

Marta se fue acercando y cuando Olivia la vio, se acercó a ella, le dio un abrazo y las gracias por asistir.

Toma, le dijo Marta dándole su regalo, y este otro es de parte de Nora que iba a venir conmigo pero han hospitalizado a la madre y no puede venir.

En esto llegaron nuevas amistades a saludar a Olivia y Marta se retiró a un lado y se sentó en una mesa.

A veces le hubiera gustado ser así alborotada como Olivia que de cualquier cosa hacía una fiesta, ahora estaba sola sin tener con quien hablar, y quedó mirando a la entrada para ver si veía llegar alguien conocido, la fiesta iba animándose cada vez mas, pero aunque vio algunas caras conocidas, nadie con quien tuviera confianza.

Había pasado algún tiempo y ya estaba pensando en irse discretamente cuando oyó que le preguntaban: ¿Le importa que me siente?

No, contestó Marta, para eso están las mesas.

Lo pregunto por si espera a alguien para no ocupar el sitio.

Marta lo miro y dijo: no, no están ocupadas, puede usar cualquier silla. Era un individuo muy bien vestido posiblemente en sus cuarenta y algo, era atractivo, con un aspecto serio que inspiraba confianza.

Se sentó al lado de ella, le extendió la mano y dijo Julio Salcedo de Oca, ella extendió la suya para estrechársela y dijo: Marta Riera, mucho gusto.

Por lo menos pensó, ya no me van a ver en esta mesa sola como un bacalao, y al tiempo que pensaba eso se preguntó mentalmente porque se había comparado con un bacalao y contuvo las ganas de reír aunque si no pudo evitar esbozar una sonrisa.

Debería hacerlo todo el tiempo, oyó decir a su vecino de mesa, volvió la cabeza y dijo ¿me está hablando a mi?

El tal Julio, miró a ambos lados y dijo también sonriente: no hay nadie más.

Entonces, ¿Qué es lo que debería hacer todo el tiempo?

Sonreir, contestó él, tiene una sonrisa terriblemente atractiva, si me lo permite, y con el debido respeto, yo diría que irresistible.

Marta se quedó mirándolo y pensó que tenía al lado a un galanteador de salón, pero tal vez influida por sus halagos le pareció simpático.

Gracias, dijo.

No tiene por que darlas, no he hecho mas que decir lo que estoy viendo. Por cierto, ¿no le apetece tomar algo? yo voy a ir a buscar un trago y si quiere le traigo uno para usted. ¿Qué le apetecería?

Marta dudó un poco y dijo: está bien, si quiere tráigame un poco de vino blanco.

Julio se levantó y se acercó al bar y poco después venía con dos vasos de vino, uno blanco y otro tinto

Gracias, dijo Marta. Y si no es indiscreción ¿a que se dedica usted?

Soy comerciante, contestó Julio.

Ah, tiene usted un comercio ¿de que?

No, no tengo un comercio, yo compro y vendo mercancía, dentro y fuera del país.

¿De alguna clase en especial? Preguntó Marta.

No, cualquier cosa que me resulte rentable.

Ya veo, dijo Marta, y vino usted solo, ¿está esperando a que llegue su mujer?

No, no tengo mujer, estuve casado una vez hace mucho tiempo pero no fue una experiencia que me guste recordar. Y usted ¿Es que está esperando a que llegue su marido?

No, mi esposo murió en un accidente de auto hace siete años.

Lo siento mucho, dijo Julio.

No lo sienta, dijo Marta, usted no lo conocía y yo hace algún tiempo que me he hecho a la idea y me he acostumbrado a estar sola.

No debe hacer eso, dijo Julio.

¿Qué es lo que no debo hacer? Preguntó Marta.

Acostumbrarse a estar sola, yo creo que la soledad es muy triste, se lo digo por experiencia, hay veces que me siento muy solo pero ni puedo ni quiero acostumbrarme a eso.

¿Por qué no se casa o vive con alguien?

Ya le he dicho, contestó Julio, que mi experiencia en ese sentido no fue buena y temo cometer por segunda vez el mismo error.

Eso no tiene por que ser, dijo Marta, usted puede encontrar una buena compañera.

Bueno, pues le devuelvo la pregunta, ¿por que no se ha buscado usted un compañero para no estar sola?

Porque no es tan fácil encontrar una persona adecuada, porque al contrario que usted, mi experiencia en el matrimonio fue muy buena y temo equivocarme en una segunda parte, además ¿no dicen que nunca segundas partes fueron buenas?

Ya, dijo Julio, pero cree que para mi si pueden serlo, un poco aquello de "haz lo que te digo pero no lo que hago".

No hombre, dijo Marta riéndose, usted tiene contestación para todo.

Si quiere que le diga la verdad, estoy pasando un rato muy agradable conversando con usted, me gustaría que se repitiera, tal vez si a usted le parece bien podría ir a recogerla algún día a su trabajo para tomar algo y charlar otro poco.

Yo no trabajo, quiero decir que no estoy empleada en ningún sitio, mi marido me dejó lo necesario para que no tenga que trabajar.

La felicito, no me extraña que tenga un buen recuerdo de su marido.

Lo tengo, pero la vida continúa y hay que seguir viviendo.

Tiene toda la razón, dijo Julio, lamentablemente debo marcharme, tengo una reunión sobre un negocio que tengo pendiente y crea que lo siento, ha sido tan agradable charlar con usted que me gustaría volver a verla, podría, si me lo permite, invitarla a comer o podríamos ir a un concierto o a algún otro evento ¿Qué le parece?

Podría ser, dijo Marta como sin darle importancia.

Déme su número de teléfono y la llamaré tan pronto pueda.

Marta se lo dio y Julio tomó nota, se levantó le tendió la mano y se despidió.

Marta sintió dentro de si como una llama de esperanza, la verdad es que estaba cansada de estar sola sin nadie con quien compartir aparte de sus amigas que siempre hablaban de lo mismo, este Julio parecía educado y era simpático.

Había pensado en irse ya pero decidió ver si podía charlar un momento con Olivia y le preguntaba quien era ese Julio.

No tuvo que levantarse, Olivia que iba de mesa en mesa charlando con todos los presentes se acercó a la de ella y se sentó a su lado.

¿Y tu pareja? Preguntó.

¿Cuál pareja? Dijo Marta.

El hombre que estaba contigo.

No era mi pareja, precisamente iba a pregóntarte quien es él.

Pues no lo se, creí que estaba contigo.

No, no, yo estaba aquí sentada y apareció él, es un tipo simpático.

Seguramente lo invitó mi hermano, le preguntaré. Pero no te quedes ahí sentada, ven que te presento a alguien.

No Olivia, gracias, ya me voy a ir.

Pero mujer, si es muy pronto, vente, la cogió por una mano y se la llevó con ella, hasta un grupo de amigos que la saludaron al verla.

Marta, estás perdida, no se te ve nunca, dijo uno.

Tienes razón, estoy saliendo muy poco, cualquier día de estos hago una fiesta para que nos reunamos.

En realidad no es que se hubiera aislado un poco desde la muerte de su marido, sino desde bastante antes porque ellos dos se llenaban la vida mutuamente y estaban siempre juntos en casa o viajando, y ella había seguido en esa inercia.

Ya en casa esa noche, mientras se preparaba para dormir se acordó del hombre de la fiesta y esbozó una sonrisa de agrado. Al día siguiente se levantó tarde, se puso una bata y se acercó a la cocina.

¿Quiere que le ponga el desayuno en el comedor? Le preguntó la sirvienta.

No Ramona, desayunaré aquí mismo en la cocina.

Después de desayunar subió a su habitación para arreglarse y cuando recién había salido de la ducha, sintió que llamaban en la puerta de la habitación.

¿Ramona?

Si señora, ¿puedo pasar?

Pasa, dijo Marta.

Se abrió la puerta y entró Ramona sonriente con un gran ramo de flores.

¿Y eso?

Lo trajeron para usted.

A ver, dijo Marta acercándose a Ramona, cogió del ramo de flores un sobre que traía adherido y antes de abrirlo le dijo a la sirvienta.

Ponlas en la sala en algún florero.

Ramona se fue y Marta se dispuso a abrir el sobre mientras vino a su mente aquel Julio de la fiesta de Olivia, y efectivamente la nota decía: "En agradecimiento por los momentos tan agradables de ayer. Afectuosamente, Julio Salcedo de Oca"

Sin que lo pudiera evitar notó que su corazón se aceleraba un poco. Tal vez, y sin buscarlo, la vida se había acordado de ella. Trató de recordarlo y Julio salió muy favorecido en la mente de ella.

Era por eso que Marta se sentía tan feliz aquella mañana. Se quedó esperando la llamada de Julio y pensó: ¿Cómo habrá sabido mi dirección? bueno eso no era difícil sabiendo el número de teléfono, o también se la podían haber dado en casa de Olivia, ¡que importa! pensó.

Pero Julio no llamó en todo el día, ni al día siguiente. Julio era un experto en conquistar mujeres y vivía del dinero que les quitaba, él no consideraba que estuviera mal lo que hacía, lo consideraba una transacción comercial, ¿Cuánto valía la felicidad que por algún tiempo les proporcionaba? Lo que les quitaba le parecía una justa retribución por esa felicidad que les brindaba.

Julio sabía que Marta estaría pendiente de su llamada y si se demoraba un poco estaría mas ansiosa, por eso ya había ordenado que le llevaran otro ramo de flores, esta vez de grandes rosas rojas con una nota en la que le proponía salir a cenar esa noche, te llamaré mas tarde para ver si te apetece y si es así para ver a que hora te paso buscando.

Cuando Marta recibió el ramo se sintió nerviosa de felicidad y se quedó esperando su llamada que no tardó, Julio la hizo poco después de que le informaran de la floristería que el ramo ya había sido entregado.

Hola Marta, ¿Cómo estás? perdona, no me di cuenta, no se si te parece bien que te trate de tu.

Hola Julio, me parece muy bien y si te parece haré lo mismo contigo.

Claro, contestó Julio, es mucho más cómodo. ¿Recibiste mi invitación? ¿Puedes salir esta noche?

Si, contestó ella como sin darle mayor importancia.

Que te parece si te paso buscando a las ocho, no se si prefieres otra hora.

No, a las ocho está bien.

Entonces nos vemos a las ocho, adiós.

Adiós, contestó Marta y colgó.

Marta miró que no estaba Ramona por allí y dio unos pasos de baile por la sala llena de felicidad.

Sin embargo en la tarde cuando se estaba arreglando para salir comenzaron a asaltarla pensamientos oscuros. Aun no sabía quien era aquel hombre, por de pronto Olivia, aunque estaba en su fiesta, no lo conocía.

Cogió el teléfono para llamar a Olivia y preguntarle si había sido invitado por su hermano, pero desistió y dejó el teléfono.

La hora se iba acercando, de manera que terminó de arreglarse y esperó con una cierta desazón.

A las ocho en punto llegó Julio y le entregó un estuche transparente con una bella orquídea al tiempo que alabó su belleza y su elegancia.

Gracias, si sigues así te vas a arruinar comprando flores, no tienes que mandarme nada.

Me complace hacerlo, porque me imagino, no se si acertadamente, que el recibir las flores te hará feliz al menos por un momento.

A todas las mujeres les agrada, pero no es necesario.

Esa noche todo transcurrió bien, Julio estuvo encantador. Cenaron en un restaurante a orilla del mar con un conjunto que interpretó música suave durante la cena y piezas bailables después. Julio que estaba esmeradamente arreglado y muy atractivo, resultó ser también un buen bailarín.

Al dejarla en casa de regreso se acercó a Marta y ella le dejó que la besara, quedaron de volver a verse y así lo hicieron durante un mes.

Un día ella le dijo que había creído que era amigo de Olivia, le había preguntado y ella le dijo que no le conocía, que suponía le habría invitado su hermano.

Si, dijo Julio, tampoco le conozco mucho, me lo encontré ese día, me habló de la fiesta y me dijo que fuera.

Me lo imaginé, dijo Marta

Un día notó a Julio preocupado.

¿Qué te pasa? Te noto extraño

Nada, complicaciones en los negocios, pero nada importante.

Salieron como casi todos los días y aunque Marta notaba que trataba de parecer normal su mente parecía estar en otra parte.

¿Es que no me vas a decir lo que te pasa? Preguntó Marta.

Eso no tiene nada que ver contigo, es cosa de mis negocios y además es culpa mía.

¿De que se trata? Preguntó Marta curiosa.

Bueno, dijo Julio con un gesto ampliamente ensayado, veo que no me va a quedar otro remedio que decírtelo, pero que conste que fue por insistencia tuya.

Entre las diversas mercancías con las que comercio, importo todos los años una partida muy grande de algodón para un cliente, lo que me deja un muy interesante beneficio. Yo ya pagué el algodón al exportador, el algodón ha llegado, está en el muelle y resulta que el importador para quien iba destinado el algodón se declaró en quiebra y no se le puede entregar la mercancía.

Pero eso es terrible, dijo Marta, ¿No puedes vendérsela a alguien más?

Julio la miró con un estudiado gesto de admiración y dijo: Vaya, tienes una extraordinaria mente comercial, pues claro, eso es lo que hay que hacer y es lo que hice, como localmente no hay en el momento ningún otro cliente para esa mercancía, la ofrecí en el exterior y ya la tengo vendida.

Entonces ya no hay problema, dijo Marta.

Si, si lo hay, si hubiera sabido lo que iba a pasar no habría hecho las gestiones para nacionalizar la mercancía y hubiera seguido en tránsito para el otro comprador, pero ahora para poder exportar la mercancía tengo que pagar los derechos arancelarios y demás gastos de aduana, puerto y almacenamiento, lo cual aumenta con cada día que pasa.

El problema es que después de haber pagado casi dos millones de dólares por el algodón, no tengo disponibilidad de efectivo para pagar los gastos de nacionalización de la mercancía; el dinero del nuevo comprador ya está aquí, pero el banco no libera la carta de crédito hasta que se compruebe que la mercancía ha sido despachada.

Es natural, dijo Marta, el importador deseará estar seguro de que se le envió la mercancía.

Si, dijo Julio, el caso es que yo estoy como la serpiente que se muerde la cola, si no pago en el puerto no dispongo de la mercancía y si no dispongo de ella no la puedo exportar y cobrar lo que ya está aquí en el banco esperando.

¿Y cuanto es lo que necesitas para solucionar el problema? Preguntó Marta.

Nada importante, unos trescientos noventa mil... digamos redondeando unos cuatrocientos mil dólares.

Pues es bastante importante, dijo Marta.

¿Tu crees que me los podrías prestar? Por supuesto con un interés, si quieres, de un cincuenta por ciento mas de lo que te esté produciendo en este momento. Esto es un negocio que debe beneficiarnos a ambos.

Y ¿por cuanto tiempo necesitarías el dinero? Preguntó Marta.

Para estar seguro, por un mes, será solo lo que tarde el trámite.

Pues déjame ver si dispongo de eso, dijo Marta, yo te llamo.

No hace falta que te diga la urgencia, pues cada día que pasa aumentan los gastos de almacenamiento y la multa por retraso en el pago de los derechos arancelarios.

Ya lo se, no te preocupes.

Se despidieron ese día, y Marta quedó muy preocupada, si fuera cierto le gustaría ayudarle, pero el caso es que ella era muy objetiva en todo, y no podía dejar de estar consciente de que en la persona de Julio había varios puntos oscuros que a pesar de su entusiasmo por él no podía olvidar. El caso es que tenia que darle una contestación y quien podía darle un buen consejo era precisamente el hermano de Olivia quien era importador de vinos y aunque la mercancía fuera diferente debía saber que decir al respecto, así que lo llamó y se fue a verlo a su oficina.

Ya allí, Carlos la saludó afectuosamente, desde que murió tu marido, dijo, no te dejas ver.

Estuve en el cumpleaños de Olivia.

En cambio yo no pude, porque dos días antes tuve que viajar y llegué un día después del cumpleaños.

Entonces no estabas aquí ese día, comentó Marta.

No, ya te dije que tuve que salir de viaje.

Entonces Marta le contó con pelos y señales su encuentro con Julio hasta el último desenlace.

¿Qué opinas? Preguntó Marta.

Déjame que averigüe algo, pero mi primera impresión es que te quieren estafar, ¡ojalá me equivoque! Perdona un momento, ya vengo.

Salió de la oficina y en menos de cinco minutos regresó y dijo: ya me están haciendo una averiguación. Y dices que se llama Julio Salcedo de Oca, no me suena en absoluto, desde luego yo no lo invité, porque además yo no estaba.

Marta estaba tensa y furiosa, Julio la había tomado por tonta y además, según parecía, quería estafarla.

Sonó el intercomunicador en la mesa de Carlos, este pulsó un botón y se oyó la voz de su secretaria: me informan que no hay ninguna partida de algodón en el puerto, y dicen que no hay nada en curso con un importador con ese nombre.

Gracias Maira, dijo Carlos al tiempo que desconectaba el intercomunicador y miraba a Marta. ¿Has oído?

Marta estaba tan agitada que apenas podía hablar. Tendré que hacerle frente al sinvergüenza ese. Dijo.

Te sugiero que no te lo hagas mas desagradable, si quieres te echo una mano en eso y te lo saco de encima.

Eso es muy gentil de tu parte Carlos, pero yo me dejé enrollar en eso y yo debo solucionarlo, bastante me has ayudado.

Como tu quieras, pero ten cuidado porque esos individuos suelen ser peligrosos, ¿Por qué no haces una cosa? lo llamas, lo citas en algún café y yo estaré allí pendiente de ustedes, por si acaso.

No es mala idea, pero me sabe mal molestarte. Dijo Marta.

No es ninguna molestia lo hago con mucho gusto.

Entonces te cojo la palabra, ¿A que hora te va mejor a ti? Preguntó Marta.

Mañana a las cuatro de la tarde estaría muy bien, cítalo en el Mazarino que está aquí cerca.

Está bien, dijo Marta.

Bueno, entonces nos vemos mañana en el Mazarino, yo estaré allí en la barra, trata de buscar una mesa cerca de donde yo esté y si ya llegó él no hace falta que me saludes, solo haces notar mi presencia si lo ves necesario, para que vea que no estas sola. Cuando se vaya a ir le abordaré para hacerle una advertencia.

Gracias, eres un amor Carlos, dijo al despedirse saliendo de la oficina.

Al llegar a casa llamó a Julio y tratando de parecer lo mas normal posible, le citó para el día siguiente en el café elegido por Carlos.

¿Lograste solucionar lo del dinero? le preguntó Julio.

Hoy no, pero puedes estar seguro de que mañana quedará solucionado.

*  *  *

Al día siguiente Marta llegó al café diez minutos antes de la hora y vio que Carlos ya estaba en la barra hablando con otro individuo, y como vio que Julio aun no estaba le saludó y se sentó en la mesa mas próxima al taburete de la barra que estaba usando Carlos.

A las cuatro y diez minutos llegó Julio muy elegante y bien peinado, vio a Marta, se dirigió hacia su mesa, la saludó con un beso en la cara y se sentó frente a ella.

Marta, dijo, quiero que te quedes muy satisfecha del negocio que vas a hacer y voy a pagarte dos puntos por encima del interés que te había ofrecido.

No hace falta, dijo Marta.

Si, insisto, no quiero que creas que quiero aprovecharme de ti, ya sabes lo que siento por ti.

¿Qué sientes por mí? Preguntó Marta.

Siento que te necesito, cada día mas, creo que te has adueñado de mi corazón.

Claro, y tú a cambio te quieres adueñar de mi dinero.

¿Qué dices? Esto es un préstamo que te voy a devolver enseguida y a pagarte un buen interés.

¿Cómo puedes tener la indignidad de pretender engañarme? ¿Crees que soy una tonta mas de tantas que habrás engañado?

Me estás ofendiendo Marta, dijo Julio con aire molesto.

No mas de lo que tu me has ofendido a mi con todo ese cuento del algodón que te has inventado.

Julio se dio cuenta de inmediato de que estaba descubierto y dijo con cara compungida: Tienes razón, lo del algodón no es cierto, pero fue lo que se me ocurrió para pedirte el préstamo que necesito para poder participar en un asunto muy importante en el que voy a duplicar el dinero en un mes.

Marta, no te eches para atrás, te lo devuelvo en un mes con un 25% mas, te das cuenta del negocio, estoy hablando de un 300% al año.

Desde luego tú me vista cara de tonta, dijo Marta, escucha bien lo que te voy a decir: No quiero verte nunca más en toda mi vida, no se te ocurra volver a llamarme.

Pero yo te quiero Marta, estaba pensando pasar el resto de mi vida contigo.

Recuerda lo que te acabo de decir, si te diriges a mí de algún modo, vas a tener graves problemas. Estoy enterada del deporte al que te dedicas. Aquí mismo no estoy sola, pero hasta ahora no quiero causarte problemas, pero si vuelves a dirigirte a mi eso será otra cosa.

Marta dejó sobre la mesa el pago de su consumición, se levantó y se dirigió a la puerta.

Julio fue a levantarse para seguirla y sintió una mano en cada uno de sus hombros que se lo impidieron y oyó que le decían: no vuelva a comunicarse con la señora, es por su bien.

Julio sintió que desaparecía la presión en sus hombros, volvió la cabeza y vio a dos individuos que se dirigían a la puerta, llamó al camarero le pidió una copa de coñac que se bebió de un sorbo, dejó su importe sobre la mesa, se levantó y se dirigió también a la puerta pensando: Bueno, ¡no siempre van a salir bien los negocios!

*Esta historia muestra lo bueno de ser mujer y tener sentido común.*

* * *

# El Tesoro

# El Tesoro

Eugenio y Alberto, antiguos amigos, se habían encontrado e iban caminando juntos comentando anécdotas de sus años en la universidad cuando Alberto vio delante de ellos un tenderete en el que un hombre vendía libros viejos, Eugenio iba a seguir su camino pero se detuvo al ver que Alberto empezaba a ojear los libros que ostentaban un letrero que decía: € 2 cada uno.

Eugenio esperó y pronto Alberto se reunió con él trayendo un libro con bastante mal aspecto.

¿Qué compraste? preguntó Eugenio curioso.

El Príncipe de Niccolò Machiavelli, lo leí hace muchos años pero no lo tengo en mi biblioteca.

Hombre, pero pudiste comprarte uno menos churretoso, dijo Eugenio mirando el libro que se notaba viejo y viendo a Alberto tratando de separar algunas paginas.

¿Qué importa? dijo Alberto, son dos euros.

Bueno, es cosa tuya. ¿Que te parece si nos tomamos un café? Dijo Eugenio sonriendo y señalando una cafetería en la acera de enfrente

Está bien dijo Alberto, vamos.

Ya sentados y ordenados los cafes, Alberto se puso a ojear el libro con más detenimiento, se ve que el libro había estado a la intemperie y algunas hojas estaban un poco pegadas.

Pasando páginas del libro y despegando algunas con cuidado de no romperlas, Alberto vio que había algo entre unas páginas, las separó con cuidado y vio que era una pequeña hoja de papel cebolla doblada dos veces a la mitad y encajada contra el canto del libro para evitar que se cayera. La sacó con cuidado y la desdobló mientras Eugenio le miraba con atención. ¿Encontraste dentro una carta?

Alberto guardó silencio mientras leía la hoja que estaba fechada ochenta años atrás y decía donde estaban ocultos tres cubos llenos de oro y joyas antiguas para protegerlos del pillaje de la guerra civil en España y recobrarlos si subsistía a la guerra.

Eugenio viendo el rostro de Alberto preguntó: ¿Que dice? Te has quedado como embobado.

Dice en donde está enterrado un tesoro.

Bueno, se rió Eugenio, ¡el tesoro del pirata de la pata de palo! Eso es una tontería.

Ninguna tontería, hace alrededor de ochenta años, alguien para evitar ser victima del pillaje de la guerra, escondió tres cubos llenos de oro y joyas para recobrarlos al terminar la guerra si subsistía.

Y ¿Cómo sabes que no subsistió y se los llevó?

No lo se, pero aquí está el nombre del que lo escribió y el nombre del lugar.

¿Me dejas ver la nota?

Alberto vaciló un momento pero se la dio.

Eugenio la leyó con atención y dijo:

En ese pueblo se puede verificar cuando murió esa persona, si fue durante la guerra la nota puede tener algún significado interesante. Te fijaste en lo que pone al final del texto: E1L15(ECM)P207

No se lo que puede ser eso ¿qué opinas? Preguntó Alberto.

¿Qué quieres que te diga? Si te parece que vale la pena investigarlo, lo primero que yo haría seria ir al pueblo que dice ahí y tratar de averiguar cuando murió ese hombre.

¿Vienes conmigo y repartimos lo que encontremos? Preguntó Alberto.

Eugenio se metió la mano en el bolsillo, sacó un euro y se lo dio a Alberto.

Si vamos a medias, aquí tienes la mitad de la inversión.

Está bien dijo Alberto. Primera cosa, de esto ni una palabra a nadie, ni a nuestras mujeres ¿entendido?

Eugenio asintió y dijo: ¿Cuando vamos al pueblo?

Lo antes posible, el caso es ver como justificamos el viaje en casa y si me dan permiso en la oficina.

Para averiguar eso nos alcanza un dia, el pueblo está como a ciento cincuenta kilómetros. ¿Tu trabajas los sábados?

No, dijo Alberto, lo mejor es programar la ida para este sábado, yo puedo decir que te voy a acompañar para un asunto de tu trabajo.

Y yo diré que te tengo que acompañar a ti, dijo Eugenio.

Entonces la cosa se queda para el sábado.

Si, dijo Eugenio, si quieres te paso buscando a las ocho de la mañana.

Quedamos así entonces.

Se despidieron y se fue cada uno para su casa.

* * *

Los días hasta el sábado se le hicieron largos a los dos, y cuando Eugenio llegó a buscarlo Alberto se despidió de Luisa su mujer y se fue con él.

¿Qué has pensado de esto? Preguntó Eugenio en el camino.

No se que acabará resultando, dijo Alberto, pero alguien me dijo una vez que toda persona tiene al menos una oportunidad en la vida, el caso es que sepa aprovecharla. Tal vez esta es la nuestra.

¿Quien sabe? dijo Eugenio imaginándose los tres cubos llenos de oro y joyas.

Dos hora mas tarde estaban entrando en el pequeño pueblo.

¿Qué hacemos? dijo Alberto.

Antes de estar preguntando, yo diría que podemos ir al cementerio del pueblo y ver si por casualidad hay una lapida con ese nombre.

Es buena idea, dijo Alberto, hay que ver donde está el cementerio.

No necesitaron mucho esfuerzo, al subir una loma en el borde del pueblo, vieron el cementerio delante de ellos separado a un lado del pueblo.

Poco después detenían el auto frente al cementerio, entraron y comenzaron a leer todas las lapidas empezando por un lado para terminar por el otro.

Ya habían leído mas de la mitad de las lapidas, cuando se detuvieron delante de un mausoleo mayor que la mayoría de los otros y allí estaba el nombre en letras bien grandes: "Eudoro San Juan de Arce. 1872 – 1938 Su devota mujer e hijos"

Eugenio y Alberto se miraron con cara de triunfo. La guerra había terminado en el 39 y él había muerto en el 38, en plena guerra. Se dirigieron a la salida del cementerio y Alberto propuso ir a ver la finca en donde supuestamente estaba en entierro en cuestión, no había error posible porque en la nota indicaba la calle.

Cuando llegaron a ella, detuvieron el auto y se bajaron para buscar la propiedad.

Avanzaron por la calle que apenas tenia unos trescientos metros y allí estaba, el letrero estaba tan viejo que apenas se veía pero aun se podía leer el nombre y había otro letrero que decia: Se vende, e incluía un numero de teléfono y bajo él: Carlos.

Miraron hacia adentro y vieron una casa antigua pero buena y grande, el terreno, que estaba todo cercado, debía tener algo mas de media hectárea, es decir, no era propiamente una finca sino una casa solariega con un buen terreno, tanto el jardín como el huerto que estaba para un lado se veian muy descuidados.

Alberto anotó el teléfono y el nombre. ¿Lo llamo ya?

Espera, dijo Eugenio, ¿Qué le vas a decir? Lo que ellos quieren es vender la casa.

Nosotros no podemos comprarla, yo al menos no, dijo Alberto.

Ni yo tampoco, dijo Eugenio.

Lo que necesitamos dijo Alberto es tener la oportunidad de estar dentro para poder buscar los cubos. Podemos decirle que queremos alquilarla para las vacaciones.

Muy buena idea, dijo Eugenio, llámalo.

Alberto así lo hizo.

¿Diga? Contestaron del otro lado.

¿Carlos?

Si, ¿Quién es?

Mire, dijo Alberto, le llamo por la casa que están vendiendo en el pueblo.

¿Le interesa?

Pero no para comprarla, la querríamos alquilar para vacaciones.

¿No vieron el letrero? la casa está a la venta.

Alberto vio que así no iban a poder ponerse de acuerdo y dijo:

Bueno, ¿cuando se puede ver?

Cuando quiera.

Es que venimos desde Madrid, ¿se puede ver ahora?

Si la quieren comprar, si, ¿están lejos?

No, estamos en frente de ella, dijo Alberto.

Ya voy a abrirles.

Eugenio y Alberto se quedaron frente a la casa y vieron venir a un corpulento individuo con aspecto pueblerino desde la casa dentro de la finca hacia el portón de entrada que abrió al llegar.

Carlos, dijo tendiéndoles la mano.

Eugenio, Alberto, mucho gusto dijeron mientras se la estrechaban uno tras otro.

Asi que les gustó la casa, es una casa magnifica, se vende tal como está con todo lo que tiene adentro.

Aun no la hemos visto, dijo Eugenio.

Para eso he venido, para enseñársela, dijo Carlos mientras caminaban hacia la casa.

La casa era efectivamente una buena casa que se conservaba tal como la habían hecho, ello quería decir que para modernizarla había por lo menos que cambiar baños y cocina, tenía ocho habitaciones, tres baños y demás dependencias.

Estaba toda amueblada con pesados muebles antiguos, al lado del comedor había un despacho con una estantería de libros tras de la mesa de escritorio que ocupaba toda una pared.

Después de ver la casa salieron a ver el terreno circundante al que prestaron mucha atención, sin que nada les sugiriera algo.

¿Cuanto están pidiendo? Preguntó Alberto.

Dos millones y medio, dijo Carlos.

¿No es mucho para este pueblo? Preguntó Eugenio.

Es lo que piden, contestó Carlos. ¿Cómo supieron de esta casa? Preguntó.

Los dos amigos se miraron un instante y Eugenio dijo: Vimos el letrero de se vende al pasar.

Pero ustedes vienen de Madrid ¿no? Volvió a preguntar Carlos.

Si, dijo Alberto, estamos buscando un sitio para pasar las vacaciones con nuestras familias.

Entiendo, dijo Carlos.

Pensamos, dijo Eugenio que mientras no se vende a lo mejor podría interesarles alquilarla bien, solo por dos meses.

Si, si, ratificó Alberto.

No, dijo Carlos, quieren venderla.

Bueno pues muchas gracias, dijo Eugenio, vamos a comentarlo con nuestras mujeres y le llamaremos.

Cuando quieran, aquí estoy, dijo despidiendose

Eugenio y Alberto se pusieron en camino a Madrid.

Más o menos a medio camino, Eugenio detuvo el auto ante un restaurante de carretera.

Vamos a tomarnos algo para cambiar impresiones.

Sentados en una mesa de aquel restaurante casi vacío, Eugenio preguntó: ¿Qué opinas? ¿Tienes ahí la nota?

Alberto sacó su billetera, extrajo el papel cuidadosamente doblado y lo puso sobre la mesa.

Ambos lo miraron detenidamente y Eugenio dijo: no hay duda de que la clave de todo está en esas letras y números que hay al final ahí dice donde esta escondido.

Pero ¿Cómo se descifran? preguntó Alberto.

Eso es lo que hay que averiguar. Eugenio leyó

E1L15(ECM)P207

Ambos se miraron en un mudo interrogante y permanecieron en silencio mirando aquella combinación de letras y números.

Si yo fuera esa persona y tuviera que decidir en donde poner las indicaciones para encontrar el oro dentro de esa casa ¿Dónde lo haria?

Tiene que ser un sitio que nadie lo esté revolviendo ni tocando. Yo descartaría las habitaciones en donde las mujeres de servicio entran cada día para hacer las camas y para limpiar; tampoco me parece un lugar adecuado la cocina ni el comedor, y ya nos va quedando la sala y el despacho.

¿En cual de estos dos tu pondrías una indicación que no fuera percibida?

Yo no la pondría en la sala porque tiene mucho movimiento de gente, dijo Alberto.

Efectivamente y así nos queda el lugar mas lógico: el despacho, dijo Eugenio, y allí ¿Dónde?

Tal vez en uno de los cajones de la mesa con llave, contestó Alberto.

Yo no lo pondría ahí, si hubiera un registro o un asalto a la casa durante la guerra los revisarían, argumentó Eugenio.

Entonces dentro de un libro como hizo con la nota que encontramos, dijo Alberto. Fíjate:

E1L15(ECM)P207

E podría ser Estantería; L Libro y P Página. ¿Qué te parece?

Suena muy lógico, dijo Eugenio, y ECM el nombre del libro por si alguien lo cambiara de sitio.

Ambos se miraron y sonrieron.

Lo tenemos, dijo Alberto, solo falta ver como podemos hacer para revisar esa estantería de libros.

Ya está, dijo Eugenio, mañana llamamos a ese Carlos y concertamos una cita para ir a ver la casa con nuestras mujeres, una vez allí nos las tendremos que ingeniar.

Entonces habrá que contarles todo a ellas, dijo Alberto.

Yo creo que nos apoyarán, dijo Eugenio, al llegar le dices a Luisa que les hemos invitado a cenar esta noche para hablar de un negocio. Yo le diré a Maite que prepare una cena informal por lo precipitado de la invitación.

Estupendo dijo Alberto.

Y cuando Eugenio lo dejó ante su casa le dijo: Les espero a las ocho. Vete contándole a Luisa y yo le contaré a Maite, para no perder tiempo en la noche explicándolo todo.

Está bien, dijo Alberto bajando del auto, voy a llamar a Carlos para ir mañana a ver la casa, si no nos ponemos de acuerdo nos excusaremos mañana temprano.

*  *  *

Después del almuerzo, Luisa trajo café que ambos animaron con unas gotas de coñac y Alberto dijo: ¿Sabes a donde fuimos Eugenio y yo esta mañana?

No, porque no me lo has dicho, me hablaste de un negocio, ¿A dónde fueron?

A Alcober, un pueblecito pequeño en esta misma provincia.

Y ¿Qué fueron a hacer alli? Preguntó Luisa.

Escucha que te vas a caer para atrás, y Alberto le contó con pelos y señales toda la historia hasta ese momento.

Pero si de verdad hay un tesoro, que lo dudo, debería ser tuyo que compraste el libro, dijo Luisa.

Estábamos juntos y Eugenio me dio la mitad del precio del libro, él fue muy eficiente en descifrarlo todo y además es mi amigo.

Quisiera yo ver si hubiera sido él el que encontrara el libro si te hubiera dado algo, dijo Luisa.

No sea egoísta y mal pensada, dijo Alberto.

Y tú a ver cuando dejas de ser tan tonto.

Ya me estoy arrepintiendo de haberte dicho nada, no me gusta que seas así.

Ya está, ya lo hiciste y está bien, a ver si la próxima vez me preguntas primero mi opinión. Eso no ocurrirá nunca. Realmente no se por que me estoy preocupando por un tesoro que solo está en vuestra imaginación.

Siempre tienes que poner en todo la nota desagradable ¡que se le va a hacer! terminó Alberto.

* * *

A las ocho y diez minutos, tras bastante dificultad para estacionar el auto, llamaban a la puerta de Eugenio.

Después de los correspondientes saludos, Alberto le dijo a Eugenio: toma, a ver que te parece este vino, es un vino argentino que me recomendaron mucho.

Gracias, dijo Eugenio, no tenias que traer nada.

Ya sentados tomando unos aperitivos, Maite le dijo a Luisa: ¿Qué te parece la historia con la que estos han venido hoy? ¿Tu crees que todavía hay tesoros por ahí escondidos?

Que va mujer, los hombres son lo más candido que pueda haber, dijo Luisa.

Maite sonrió y dijo: tienen espíritu aventurero ¿Qué se le va a hacer?

Eugenio intervino. Vaya, no nos dejáis ni el beneficio de la duda.

Tú le contaste todo a Maite, dijo Alberto.

Punto por punto.

Bien, entonces creo que tenemos que preguntarle a las dos si opinan que nos olvidemos de eso y dejemos la cosa así.

Si, dijo Eugenio. ¿Qué opinan ustedes?

Tenemos que hablar nosotras, vamos a la terraza Maite, ya venimos.

Cuando se fueron Alberto comentó: ya sabes lo que dice la gente: "El hombre propone, Dios dispone y la mujer lo descompone" Eugenio se rió y dijo: vamos a ver que dicen.

Luisa y Maite se tomaron unos diez minutos cambiando impresiones y regresaron.

Que ¿Qué han decidido? Preguntó Eugenio.

Nosotras no creemos que haya tesoro alguno, pero vemos la ilusión que tienen ustedes y no queremos frustrársela, a ver ¿como es la cosa?

A mi, dijo Alberto, me parece muy cómoda la posición de ustedes, si todo sale bien, bien, y si sale mal, nos dirán que ya nos lo habían dicho. Así no sirve, o estamos todos de acuerdo en un sentido o no, creo que lo que tenemos que hacer es examinar bien todo y adoptar una decisión conjunta.

Me parece muy bien, dijo Eugenio.

Quien tiene la famosa nota, para verla todos juntos, dijo Maite.

Yo la tengo, dijo Alberto sacándola de su billetera y poniéndola sobre la mesa. Cuidado que no se vaya a romper dijo.

Esto tiene cierta lógica, dijo Maite, un individuo muy adinerado, teme verse afectado por la guerra en la que de ambos bandos se cometieron atrocidades como en todas las guerras y decide ocultar todos sus valores en tres cubos que describe con oro y joyas para recuperarlos una vez pasado el peligro de la guerra.

Por si acaso le pudiera pasar algo a él, deja instrucciones, posiblemente pensando en su familia, de cómo encontrar lo que había enterrado en dos libros distintos, uno de los cuales de alguna forma llegó a un vendedor callejero en Madrid y el otro, están presumiendo se encuentre todavía en su lugar.

Ese otro libro está en la antigua casa cuya familia directa parece haber sido asesinada en la guerra y que ahora está en venta por instrucciones de algún sucesor.

Muy bien resumido, dijo Alberto, los próximos pasos serian: Primero tratar de encontrar el segundo libro, que como ya les dijimos parece que debería ser el libro numero 15 de la primera estantería, y revisar su pagina 207, verificando que su titulo coincida con las letras ECM, allí deben estar las instrucciones de cómo encontrar el tesoro.

El problema de este primer paso es que no tenemos acceso a la casa que está vigilada por ese Carlos.

Para solucionar este problema, a Eugenio y a mi se nos ocurrió hacer una cita para ir a ver la casa con nuestras mujeres y en esa oportunidad ver la forma de poder hacerse con el libro.

Una vez que tengamos el libro y sepamos donde puede estar lo enterrado, será cosa de estudiar la factibilidad de adquirir la casa en alguna forma, porque con los tres cubos de oro podrían comprarse varias casas como esa.

A ver, dijo Alberto, comentarios, que cada uno diga lo que mejor le parezca que deba ser hecho.

Ahora intervino Luisa: Reconozco que yo, a estas alturas, no creo en tesoros escondidos, pero me parece una aventura estimulante, algo distinto, y si acaso yo pudiera estar equivocada y si existieran esos tres cubos sería algo estupendo, así que yo apoyo esta aventura y colaborare en lo que sea necesario.

Alberto respiró tranquilo. Ya saben la posición de Eugenio y la mía, así que nos falta oír a Maite.

Todos miraron a Maite que dijo: Yo no tengo duda, me siento como si fuéramos a descubrir un misterio, un nuevo mundo, yo doy un paso adelante dispuesta a colaborar en todo lo que haga falta.

Muy bien, dijo Alberto, yo he hecho una cita para ir los cuatro a ver la casa mañana, creo que es conveniente que todos recordemos estos datos: Primera estantería, libro 15 y Página 207, el nombre del libro debe coincidir con las letras ECM. Creo que es recomendable que las señoras lleven una cartera más bien grande donde pueda caber el libro.

Eugenio sirvió vino en las cuatro copas y dijo: Brindemos por el éxito de nuestro proyecto.

* * *

A las once de la mañana del día siguiente, ya en el pueblo, llamaron a Carlos para que viniera a abrirles el portón de entrada, lo que él hizo enseguida, Eugenio y Alberto le presentaron a sus respectivas esposas y se dirigieron a la casa.

Mientras ellas ven la casa ¿porque no nos muestra bien la parte de afuera que ayer apenas la vimos? ¿Tiene piscina? preguntó Alberto.

No, dijo Carlos, usted sabe, en aquellos tiempos aun no eran tan frecuentes, pero hay un río ahí abajo donde se puede pescar y bañarse en verano.

Y ¿que hay? ¿Hay frutales?

Eso si, hay ciruelas, melocotones, manzanas, higos y alguna otra, los frutales están por todo aquel lado, dijo señalando un extremo del terreno.

Seguían recorriendo la finca cuando vieron venir a Luisa y Maite.

¿Qué? ¿Les gustó la casa? preguntó Alberto, hay suficiente espacio para todos.

Si, es bastante grande, ¿y esos muebles?

La casa se deja con todo tal como está, dijo Carlos.

Miren, le dijo Eugenio a las mujeres, todo aquel lado de allá son frutales.

Siguieron recorriendo un poco mas la finca y se dispusieron a irse.

Se podrá hacer una oferta ¿no? dijo Eugenio.

Ustedes pueden ofrecer lo que quieran, pero ya saben lo que están pidiendo.

Bueno, dijo Alberto, vamos a ver a como está el metro por aquí y le llamaremos, muchas gracias por su atención.

Salieron de la finca y emprendieron el regreso a Madrid. Ya en el coche Eugenio preguntó: ¿Tienen el libro?

El libro no, dijo Luisa, pero tenemos la nota que había en la pagina 207, es mejor no haber traído el libro porque pueden echarlo de menos, y Maite agregó ¿saben lo que era ECM?

¿Qué?

El Conde de Montecristo.

Eugenio y Alberto se miraron sonrientes y este dijo: al llegar a mi casa, nos bajamos a tomar algo y a ver la nota.

*   *   *

Ya en la sala de la casa de Alberto y Luisa, esta sacó la nota de su cartera y la puso encima de la mesa.

¿Ya la leyeron? Preguntó Eugenio.

No, no queríamos arriesgarnos a que nos vieran.

Luisa trajo vino y algunas tapas y Eugenio y Alberto se sentaron juntos para ver la nota que Alberto cogió y examinó.

El Conde de Montecristo murmuró, ¿Cómo no se nos ocurrió?

La nota estaba en un pedazo de papel pequeño muy fino y había estado ajustada al canto del libro para evitar que se cayera. Parece una poesía, dijo Alberto.

Leela, dijo Maite, me muero de la curiosidad, esto parece una novela de misterio.

Alberto empezó a leer:

> El muro que separa
> nuestras vidas
> guarda el oro
> de nuestro corazón.

¿Qué mas? preguntó Luisa.

Nada, dijo Alberto, eso es todo.

¿Qué piensan? Preguntó Maite.

Si esto se refiere a lo que buscamos, dijo Eugenio, podría indicar que está dentro de un muro, pero además de todas las paredes de la casa hay varios muros fuera de ella. ¿En cual podrá estar?

Bueno, dijo Alberto, de cualquier forma es un dato importante, saber que está dentro de un muro, podría estar enterrado en cualquier parte de la finca.

Entonces ¿Qué opinan? ¿Existe o no existe? Preguntó Maite.

Eugenio dijo serio, Mi opinión es que si, sino ya no estaría el papel dentro del libro, esa casa está como estaba ochenta años atrás, si no fuera por Carlos el guardés se habría caído a pedazos. Los libros están también como estaban, yo creo que no le llaman la atención a Carlos que posiblemente habrá leído pocos en su vida.

Y ¿Cómo crees que el primer libro "El Principe" pudo llegar a un puesto ambulante de libros viejos? Preguntó Luisa.

Ese, dijo Eugenio, que contiene unas referencias mas concretas, tal vez fue guardado bajo llave en el escritorio, lo encontraron, no les llamó la atención y lo tiraron sin revisar sus últimas páginas, sin ver la nota que contenía. Esa puede ser la causa de que esté en tan mal estado.

Me parece una buena teoría, dijo Luisa, porque no se si se fijaron que los cajones de la mesa del escritorio se ve que han sido forzados.

Entonces votemos, dijo Maite, ¿Hay o no hay tesoro?

Todos votaron a favor.

¿Que hacemos ahora?

Ya que no quieren alquilarla, dijo Alberto, la única posibilidad es comprarla, pero no creo que ni los cuatro juntos podamos hacerlo, están pidiendo dos millones y medio. Si vendiera la casa donde vivo lo mas que sacaría serian unos seiscientos mil, ni siquiera la mitad de lo que piden, vendiendo la casa y agregando nuestros ahorros podríamos llegar tal vez a un millón. ¿y ustedes? Preguntó dirigiéndose a Eugenio y Maite.

Pues como ustedes, dijo Eugenio, incluso vendiendo también la casa que Maite acaba de heredar en Santillana del Mar andaríamos sobre el millón.

Pero ustedes están mal de la cabeza, dijo Luisa, están hablando de vender nuestras casas.

La idea no es tan loca, dijo Alberto, cada uno aporta una cantidad de dinero, al encontrar el tesoro lo primero será reintegrar a cada uno lo aportado para el negocio y el saldo restante que quedare se divide a partes iguales.

Claro, dijo Eugenio.

Pues a mi me sigue pareciendo una idea loca, que puede dejarnos a todos en medio de la calle, insistió Luisa.

Hombre, en medio de la calle no, tendríamos la casa del pueblo que vamos a comprar, dijo Alberto.

Pues vete tu a vivir para el pueblo, dijo Luisa, ¡vaya porvenir!

Dejemos esto por esta noche, mañana nos reunimos de nuevo y adoptamos una decisión. Propuso Alberto.

Me parece bien dijo Maite, tenemos tiempo para pensarlo bien. Hasta mañana, dijo levantándose seguida de Eugenio.

*   *   *

Ni Alberto y Luisa, ni Eugenio y Maite, pudieron casi pegar un ojo esa noche. La indecisión era enorme; el riesgo aunque ellos pretendían no verlo, era grande y los resultados de un posible fallo terribles para sus vidas.

En dos platos, las alternativas eran la posibilidad de ser millonarios o quedar en la ruina.

Si yo tuviera ahora veinte años, le dijo Eugenio a Maite, me arriesgaría sin duda alguna, pero tener que empezar de nuevo a los cuarenta y ocho partiendo de cero yo se que no es tan fácil.

Te entiendo, dijo Maite, ahora tenemos nuestra vida solucionada ¿Por qué arriesgarla?

Bueno, dijo Eugenio, tampoco podemos decir que tenemos la vida solucionada, porque yo dependo de mi empleo, si la empresa quiebra o me despiden por cualquier razón, estariamos en la misma situación.

Eso también es verdad, consintió Maite.

Por su parte Alberto y Luisa tuvieron una conversación similar, pero curiosamente Luisa que se había opuesto en principio a lo del tesoro, lo defendía ahora más que Alberto.

Todos los indicios dicen que el tesoro sigue estando donde lo pusieron, dijo Luisa, sino no estaría la información para encontrarlo.

También cabe la posibilidad de que alguien lo haya encontrado casualmente sin haber visto las dos notas que dejaron, argumentó Alberto.

Vamos a ver, dijo Luisa, según los datos que tenemos el oro parece estar oculto en el interior de un muro o una pared, ¿no es así?

Eso parece.

Entonces, continuó Luisa, ¿a ti te parece normal que alguien sin tener noticia de la existencia del tesoro haya empezado a romper paredes así porque si? Si hubieran demolido la casa y apareciera seria otra cosa, pero todo está como estaba ochenta años atrás, no se ve ningún remiendo en las paredes u otra huella de que lo hayan estado buscando, para mi está donde lo dejaron.

Puede que tengas razón, dijo Alberto, ¿Qué crees que debemos hacer?

Algo como eso ocurre una vez en la vida, o aprovechamos esta oportunidad de ser millonarios o la perdemos, pero eso decídanlo ustedes, yo ya te di mi opinión.

Está bien pero aunque todos opinemos como tu, ¿con que compramos la casa? Ya hemos intentado alquilarla ofreciéndoles lo que quisieran pero dicen que quieren venderla, y el precio es elevadísimo, casi te diría que absurdo para una casa en ese pueblo remoto.

¿No crees que habría que hablar directamente con el dueño? dijo Luisa, ese Carlos no tiene autorización para tomar decisión alguna.

Pues si, dijo Alberto, pero falta que Carlos nos permita llamar al dueño.

Habrá que intentarlo, terminó Luisa.

* * *

Se reunieron después del almuerzo en casa de Eugenio y Maite y se comunicaron sus mutuas impresiones.

Vamos entonces a llamar a Carlos ahora mismo, ¿quieres hablar tu? le dijo a Alberto.

Es lo mismo, dijo Alberto, dile que queremos hablar con el dueño para hacerle una oferta.

Eugenio conectó el sonido del teléfono e hizo la llamada. ¿Cómo está Carlos? dijo Eugenio cuando oyó su voz en el teléfono, nosotros desearíamos discutir una oferta con el dueño de la casa, ¿Cómo hacemos para comunicarnos con él?

Si quieren hacer una oferta pueden hacérmela a mi y yo se la comunico, dijo Carlos, él está viajando y dejó un poder e instrucciones en una notaría.

Bien, déjeme hablar con mis amigos y le vuelvo a llamar.

Muy bien, dijo Carlos y colgó.

Ya habéis oído, dijo Eugenio.

Todos quedaron en silencio por un momento y Maite dijo: supongamos que nos hubiera dado el teléfono del dueño, ¿Qué le hubieran propuesto?

Tienes razón, dijo Alberto, empecemos por ahí, ¿que podemos ofrecer? teniendo en cuenta que están pidiendo dos millones y medio.

Es que hasta por un millón y medio seria cara teniendo en cuenta donde está y que si fuera para usarla habría que actualizar toda la casa, cambiar cocina y baños e incluso el tejado, comentó Eugenio.

Eso es lo que hay que argumentarle, dijo Luisa.

Pues si no hay otro remedio lo trataremos con él, dijo Alberto, pero antes de nada quiero que dejemos constancia firmada por todos de que cada uno de nosotros libremente desea comprar esa casa, porque yo se como son las cosas, si surge algo mal siempre puede haber alguno que diga que él estaba en contra.

A mi me parece bien, dijo Eugenio, y así lo hicieron. Después llamaron de nuevo a Carlos y le preguntaron cuando podían ir a verlo para hacer la oferta.

Ustedes están en Madrid ¿no?

Si, contestó Alberto.

Es que yo tengo que ir a Madrid mañana y si quieren puedo pasar a verles y se ahorran un viaje.

Estupendo, dijo Alberto y le dio su dirección, ¿a que hora vendría? Para esperarle.

Yo voy en la mañana, tengo que solucionar unas cosas que no se lo que tardaré, creo que lo mejor es que quedemos después de comer, podría ser a las 3 de la tarde si les parece bien.

Si, está bien, entonces le esperamos mañana a las 3.

Cuando Alberto hubo colgado el teléfono, los cuatro juntos se pusieron de acuerdo en ofrecer un millón y medio.

¿Y si no acepta o ni siquiera lo considera? Preguntó Maite.

No se que os parecerá, dijo Luisa, se me ocurre que en ese caso podríamos ofrecerle hasta dos millones dándole uno al firmar y el otro a un año que le pagaríamos con parte del oro enterrado, así, un millón nos seria mas fácil de reunir.

Pues es una idea, dijo Eugenio, empezaremos primero con el millón y medio y si no funciona le haremos esa oferta, ¿que opinamos todos? A todos le pareció bien.

¡Que difícil es ser millonario! dijo Maite.

* * *

A las dos y media de la tarde del día siguiente llegaron Eugenio y Maite a casa de Alberto.

Hemos venido un poco pronto por si se presenta antes de la hora, dijo Maite.

Pero no se presentó antes sino una hora después.

Perdonen, dijo Carlos, pero aquí en Madrid todo es muy complicado y el trafico terrible, creí que no llegaba.

Le invitaron a sentarse y después de hacerlo dijo:

Ustedes me dirán.

Mire, dijo Eugenio, nosotros tenemos interés en la casa, pero estuvimos averiguando y realmente está fuera de precio.

Nosotros entendemos que el dueño puede pedir por ella lo que quiera pero si el precio está fuera de mercado no va a encontrar comprador

Nosotros queremos ofrecerle un millón y medio que todavía es un precio bastante alto por la casa.

Carlos los miró, sonrió y dijo: eso podrían habérmelo dicho por teléfono y no hacia falta que viniera. Yo se que esa oferta no la va ni siquiera a considerar, ¡un millón menos! que va.

Pero dígame sinceramente Carlos, ¿usted cree que la casa vale eso que están pidiendo?

Yo no entiendo de eso, en el pueblo dicen que si es cara, pero el dueño es lo que quiere, sino la deja ahí, porque él no está necesitando dinero.

Bueno, dijo Alberto, vamos a hacerle otra oferta, si no la aceptan daremos por terminadas las conversaciones porque nosotros no podemos llegar a mas.

Podemos ofrecerle, siguió Alberto, dos millones de euros, un millón al firmar y el otro millón a pagarlo en un año garantizado con una hipoteca sobre la casa.

Yo no creo que lo acepte, dijo Carlos, pero yo le voy a pasar la oferta al notario para que se la pase al dueño.

¿Quién es el notario? preguntó Eugenio,

No puedo decírselo hasta que haya una oferta aceptada, el notario me advirtió expresamente que no quiere estar tratando con la gente hasta que haya un comprador formal.

Está bien, quedamos en espera de que nos diga si han aceptado nuestra oferta.

Se lo diré tan pronto lo sepa, dijo Carlos, ahora me voy, buenas tardes.

Al irse Carlos, Maite dijo: supongan que nos aceptan la oferta, hay que ver como hacemos para juntar el millón que necesitamos.

Yo he pensado que tenemos que vender nuestras casas para reunirlos y posiblemente hará falta una cantidad adicional para completar, dijo Alberto.

¿No tenemos otra alternativa que vender nuestras casas? Preguntó Luisa.

¿Se te ocurre a ti algo? Dijo Eugenio.

No, pero me da un poco de miedo, dijo Luisa. Supon que por alguna circunstancia no logramos encontrar ese oro, nos quedaríamos en la calle.

No, dijo Eugenio, nos quedaríamos en el pueblo.

Tampoco, dijo Luisa, pues si no encontramos nada dentro de un año nos quitarán la casa.

Se produjo un silencio embarazoso en el que ninguno se atrevía a decir nada porque en el fondo todos tenían el mismo temor.

Vamos a estudiar más en detalle las posibilidades de que exista el tesoro, dijo Eugenio. La segunda nota no indica un sitio preciso para encontrarlo, por el contrario presenta una especie de verso un tanto enigmático.

Es que pensando en la posibilidad de que alguien pudiera ver la nota no podía hacerlo de otra manera, comentó Eugenio y siguió: Yo le pregunté a Carlos quien vivía en la casa en tiempos de la guerra y me dijo que él por supuesto aun no había nacido cuando la guerra, pero que los viejos del pueblo si lo recordaban y decían que vivía un matrimonio, un hombre de bastante edad y una mujer muy joven, y que no hacían vida marital, era una relación acordada para que ella lo cuidara hasta que se muriera y el le dejaría todo a ella.

Parece que durante la guerra, un día salió de casa y no volvió, después encontraron su cadáver junto con el de otros hombres en la carretera, ella siguió viviendo allí algún tiempo y después se fue,

¿Por qué no nos comentaste eso antes? Preguntó Alberto.

No se me ocurrió, que tuviera importancia para lo que nos ocupa, dijo Eugenio.

Eso nunca se sabe. Por de pronto a mi me da cierta luz sobre el contenido de la segunda nota.

¿Si? Dijo Eugenio ¿Por qué?

Si ellos dormían en habitaciones separadas el texto de la segunda nota me resulta obvio:

> "El muro que separa
> nuestras vidas
> guarda el oro..."

¿No creen que pudiera estar refiriéndose al muro entre las dos habitaciones?

Pudiera ser, dijo Maite, pero quien sabe.

Tienes razón, dijo Alberto, ¡quien sabe! En fin ¿Qué hacemos?¿nos dejamos llevar por la ambición y arriesgamos todo lo que tenemos o definitivamente nos olvidamos de todo este asunto?

A pesar de que todos hemos votado por continuar con esto, dijo Maite, yo creo que debería prevalecer la prudencia sobre la ambición. No somos millonarios pero vivimos bien ¿para que arriesgar nuestro bienestar actual por una ilusión incierta? yo diría que recordemos esto como un cuento mas de los que nos contaban cuando éramos pequeños, como el de Ali Babá y los cuarenta ladrones, por ejemplo.

Yo creo que Maite tiene razón, dijo Luisa, ¿Qué opináis vosotros? Dijo dirigiéndose a los hombres.

Alberto miró a Eugenio quien le hizo un gesto que parecía decir ¡que le vamos a hacer!

Entonces nos olvidamos de esto para siempre, dijo Alberto, cuando llame Carlos, aunque hayan aceptado nuestra oferta, le diré que nos han dicho que el precio es exagerado y que le deseamos que encuentre un comprador que lo pague.

Asunto terminado, dijo Eugenio.

* * *

Al salir de casa de Alberto, Carlos se había ido a ver al actual dueño de la casa que no era otro que Arturo, un hijo de la mujer que vivía en ella durante la guerra quien al terminar el conflicto se había casado de nuevo.

¿Que me cuentas Carlos? le dijo Arturo al llegar, ¿Qué pasó con esos candidatos que tenias para la casa?

Vengo de verlos, están muy interesados, pero yo creo que tienen mas interés que dinero, de todas formas me han hecho una oferta que significa que saben lo del tesoro.

¿Qué te hace pensar eso?

Tiene que ser así Don Arturo, me han ofrecido dos millones por esa casa que lo mas que puede valer en donde está y en las condiciones en que está serán unos quinientos mil, y además se han llevado la nota que estaba en el libro ese de Montecristo.

Ya ves lo que es la codicia, les pasará lo mismo que a los cuatro que la compraron antes que ellos y la acabaron perdiendo. Hay que ver, estar creyendo en tesoros a estas alturas, claro que para nosotros es un buen negocio. Pero cuenta, ¿como es la oferta?

Ellos ofrecen comprar la casa pagando un millón a la firma y pagar el otro millón en el plazo de un año garantizado con hipoteca sobre la casa.

Clarísimo, dijo Arturo, el otro millón piensan pagarlo con el tesoro que esperan encontrar. No me dan ninguna pena, lo correcto seria, pensando que yo no lo se, que pusieran lo del tesoro en mi conocimiento y recibieran una participación, pero se lo callan.

Vas a hacer lo siguiente: Diles que acepto, pero el segundo pago tendrá que ser en tres meses en lugar de un año, para que no destruyan toda la casa buscando el tesoro.

¿No es muy poco tiempo Don Arturo? Preguntó Carlos.

No, porque ellos van a pensar que en tres meses tienen tiempo de sobra para encontrar el tesoro que buscan y su codicia le inducirá a aceptar.

Cuando firmemos la venta de la casa te daré tus cincuenta mil euros y dentro de tres o cuatro meses cuando recuperemos la casa de nuevo, hay que volver a poner las mismas notas hasta que pique alguien más.

¿No podremos tener un día algún problema? Preguntó Carlos.

¿Por qué? Nosotros no hacemos nada ilegal, ponemos la casa en venta, alguien la compra, no termina de pagarla y la pierde, eso lo hacen los bancos todos los días.

Entonces, siguió Arturo, te ocupas de llamarles y remratas la operación.

Si Don Arturo, ¿cree que me podría adelantar algo de los cincuenta mil?

Ni un céntimo antes de que cobre el cheque de la venta.

Está bien, me voy y ya le informaré.

* FIN *

Otras obras del autor:

Conocimiento Básico (Autoconocimiento)
Alma y Espíritu (Espiritualismo)
Tres viudas (Investigación criminal) Novela
Un posible origen (Ficción histórica) Novela
La Inquietud de Nick (Disertaciones políticas)
El Mito de la Política (Disertaciones políticas)
Viento del Alma (Poesía)
Teatro  (Teatro) Tres obras cortas

(Disponibles en todo el mundo en Amazon en Español e Inglés salvo "Viento del Alma" publicada solo en Español)